井上眞理子 編著

保育者が育ち、園が機能する

保育の質が高まる
組織マネジメント

中央法規

はじめに

　複数の人間が協力して、意志を疎通させつつ多様な課題を同時に遂行する必要が出てきたとき、組織はマネジメントを必要とする。

　マネジメントを欠くとき、組織は管理不能となり、計画は実行に移されなくなる。最悪の場合、計画の各部分が、それぞれ勝手なときに、勝手な速度で、勝手な目的と目標のもとに遂行されるようになる。ボスに気に入られることのほうが、成果を上げることよりも重要になる。

　たとえ製品が優れ、従業員が有能かつ献身的であっても、また、ボスがいかに偉大な力と魅力を持っていたとしても、組織は、マネジメントという骨格を持つように変身しないかぎり、失敗を重ね、停滞し、坂を降り始める。

ピーター・F・ドラッカー『マネジメント──基本と原則』より

　保育の質の根幹を支えるのは、間違いなく、保育者の専門性です。しかし、多くの機能や役割を求められるようになった今日の保育現場では、保育者の一人の営みだけで、保育を展開することは難しいです。

　保育は、子どもや保護者、地域の人々、多くの「ヒト」が織りなすストーリーのなかで展開します。多様な個性や保育観を備えた保育者という「ヒト」が、園という「組織」において、出会い、互いのよさを認め、働きかけ合い、その相互作用によって、保育の質は支えられます。

　そして「ヒト」は、「組織」から影響を受け、「ヒト」が「組織」を構成します。「ヒト」を中心としながら、「組織」のさまざまな要素が幾重にもからみ合い、常に流動的、可塑性に富んだ環境のなかで、保育は生み出されます。「ヒト」の可能性を見出しながら、特定の「ヒト」に依存しない試みは、持続可能な保育の質の向上の仕組みを支えるのです。

　「モノ」をつくったり、売ったりする企業と「ヒト」を育てる教育・保育現場は異なりますが、「組織」という観点を通して保育の質の向上を考えるとき、組織マネジメントの視点から学ぶべき点は多いと思います。

たとえ「保育」が優れ、「保育者」が有能かつ献身的であっても、また、「園長・リーダー」がいかに偉大な力と魅力を持っていたとしても、「園」は、マネジメントという骨格を持つように「成長」しないかぎり、失敗を重ね、停滞し、坂を降り始める。

　本書は、2020年4月から2年間にわたり日本教育新聞で連載された「保育の質を高める組織マネジメント」の記事をベースにしています。結果的に、多くの内容をアップデートする必要がありました。急速に変化する社会や保育現場、そして私自身、さまざまな出会いのなかで、マネジメントの理解が、アップデートされ続けたからだと思います。

　本書は、アメリカの経営学者、チェスター・バーナードの組織の定義をもとに、第1章から第3章までは、組織の三つの成立条件、①共通の目的、②貢献意欲、③コミュニケーションをテーマに、保育現場を紐解きます。第4章は、保育の質を支える保育者の人材育成、第5章は、組織を機能させるためのリーダーシップから、立体的な保育の質の向上のためのマネジメントを考えることができるように構成されています。各章末には、理論を体現した試行錯誤のマネジメントの実践を、現場の先生方からお寄せいただき、理論と実践の両面からとらえることができるようにしました。各章末に貴重な実践をご紹介くださったリーダーの方々、巻末で対談してくださった松井剛太先生に、この場を借りてお礼申し上げます。

　本書は、私にとって初の単著となりました。「書く」ことに自信がなかった私の背中を後押しし、温かく応援し続けてくださった方々、そして、ときに心が折れそうになる私を、最初から最後までマネジメントしてくださった中央法規出版の米澤昇さんの支えがあってこそ、完成した1冊です。心より感謝申し上げます。

2023年12月

洗足こども短期大学教授　井上眞理子

Contents

第**3**章
組織になるために❸
コミュニケーションを豊かにする

第**4**章
人が学び合い、
成長する組織になる

第**5**章
リーダーシップを発揮し組織を好循環させる

序章

保育の質向上と組織マネジメント

一人ひとりの保育者の高い専門性により保障される保育の質。今、それを超えて、チームとして、園全体としてそれぞれのよさを活かし合う保育の質が求められています。組織論の視点から保育現場や保育実践をとらえるとき、どのような可能性がみえてくるでしょうか。組織論の基礎を踏まえ、保育現場の課題を考えてみましょう。

1 なぜ保育に組織マネジメントが必要なのか

私と保育と組織マネジメント

　学問としての保育との出会いは、それほど早くありませんでした。大学では法学を専攻し、卒業後は法律の世界に進みました。大きな組織のなかにおいては、自分は本当に小さな存在だと認識しました。しかし同時に、小さな自分にも確固たる役割が与えられ、その仕事が部署の業務の一部を形成し、それが大きな形になることも学びました。自分は小さな歯車であり、しかしその歯車は組織にとってかけがえのない存在として重要なのだと理解したのです。

　その後、幼児教育の仕事に縁をいただき、大学院で幼児教育学を学ぶことになりました。このとき初めて、教育学という専門的な「めがね」をもって保育現場に身を置いたわけですが、「めがね」を通してとらえる保育者。専門性に裏づけられた実践の豊かさに感動するとともに、違和感も感じました。「園」としての組織は、私がイメージするものと大きくかけ離れていたからです。

　当然、取り扱うものが異なれば、組織の様相は変わります。子ども、教育、保育、福祉といった分野の組織は、法律や企業と同じではありません。しかし、「組織である」という事実に変わりはありません。組織マネジメントの視点から保育者の専門性の向上や保育の質の議論がしたいという欲求が沸き起こったのを覚えています。

保育者の観念と感覚にゆだねられる保育

　例えば、同じ学年に三つのクラスがあったとします。年少の「さくら」「もも」「うめ」の三つのクラス。それぞれに3人の保育者が担任として配置されています。保育者には個性がありますから、それが活かされ、発揮されているのは望ましいことです。経験年数によっても、表れ方は異なるでしょう。

しかし、私が当時、見学に行った幼稚園では、保育者の個性を超えて、それぞれのクラスで子どもたちに伝えられているメッセージや大切にされていることが、大きく異なっていました。いわば、保育者の保育観や教育観、あるいは感覚で保育が展開されているように見えたのです。

保育の質の保障と組織マネジメント

子どもや保護者は、「園」を選ぶことはできても、「クラス」や「担任保育者」を選ぶことはできません。どの保育者に担当され、どのような保育を提供されるのか、それは園（縁？）にゆだねるしかありません。そうなると、まるでくじ引きの「あたり」「はずれ」のように、保育者によって、得られる保育の質や内容が変わってしまいます。おいしいと評判のお店に入ったものの、通されたテーブルによって、提供される料理の質が違うことと同じなのではないかと思ったのです。

料理と保育は全くの別物ですが、構図としては同様です。「園」という組織が提供する保育の質は、ある程度同質なものが提供される必要があります。保育者という専門性をもった職員集団としての園が提供する保育の質は、個性ある保育者の魅力を活かしつつ、組織としての一貫性をどのようにつくり維持していくのかの議論のうえに成り立つのではないか。こ

こに、保育現場に組織マネジメントの理論が必要だと考えた第一の出発点がありました。

POINT
- **保育現場における「園」は組織なのか**
- **保育者の「観念」「感覚」に依存する保育の質を見直す**
- **園のなかで提供される保育の質を保障する**

2 保育現場における「ヒト」の影響

実習で志を失いかける養成校の学生

　私が大学院生の頃、後輩の学部学生たちは、保育に強い関心と高い志を抱きながらも、実習を経験するたびに、そのモチベーションが下がるケースを目の当たりにしました。大学で学ぶ保育の理想と、現場の現実のギャップに動揺することもあります。しかしそれ以上に、実習における人間関係、特に指導者との関係に難しさを感じ、「このような職場でやっていける気がしない」「あまりにも自分の非力さに自信を失った」という相談を受けたことも事実です。

　今となっては、実習のあり方の検討が進み、改善が図られています。しかし当時は、指導担当保育者の保育観や方針に従い、求められることを受け入れ、園文化に「なじむ」ことが求められることもありました。保育を学びに実習にやってきた実習生が、次第に、保育者の反応や顔色をうかがうようになり、子どもよりも保育者に意識が向いてしまうのです。たまたま担当した保育者と「合うか、合わないか」といったくじ引きのような実習に陥り、ときに一人の実習生の人生を決めてしまう大きな影響力をもちます。

一人の「ヒト」がもつインパクトの大きさ

　「ヒト」が与えるインパクトは絶大です。ものを売ったり、つくったりする職業以上に、多くの「ヒト」を介して成立する教育や保育、福祉の業界においては、なおさら「ヒト」の影響力が大きくなります。

　保育施設の機能や役割が、多様化、高度化していくなかで、一人の保育者だけで、そのすべてを担うことは難しくなりました。長時間の保育を展開するためには、早番・遅番のシフトを活用し、また多様な職員の働き方を工夫し、さまざまな専門職者の協働によるチーム保育が前提となっている現代では、複数の職員によって、保育が実践、展開されます。

1クラスを一人の保育者で担当していた時代と比較すると、はるかに多くの「ヒト」とのかかわりのなかで、保育を実践する必要があります。

　多様な「ヒト」が集まることによって、多くの「よさ」が集結し、予想以上の効果が得られる可能性があります。「ヒト」という個が発揮する力を大切にしつつ、「ヒト」と「ヒト」とのチームワークから生み出されるパフォーマンスを存分に引き出すこと、園という組織で保育を展開する目的はここにあります。保育現場における「ヒト」がもつインパクトを無視して、保育の質を語ることはできません。

人の感情に振り回され疲弊する職場からの脱却

　一方で、「ヒト」がもつインパクトが、問題を生むこともあります。保育者の離職原因の上位に「職場の人間関係」があがっています。「ヒト」は、感情をもった存在です。それゆえ、上司と部下といった職場における人間関係に必要以上に感情がもち込まれると、安心して働くことができなくなります。感情は、一定を保つことが難しく、瞬時に変化します。その変化を部下が気にして仕事をするようになると、本来の仕事の目的や評価の基準を見失い、「ヒト」に振り回されて疲弊するからです。本書では、「ヒト」が集まる組織において、感情に振り回されることなく、本来の役割と仕事に注力し、互いを仲間としてリスペクトし合えるマネジメントについて、考えていきたいと思います。

POINT
- 出会った保育者によって将来を決定づけられる可能性がある
- 保育現場における「ヒト」がもつインパクトの大きさを理解する
- 負の感情をコントロールするマネジメントを心がける

3 組織とは何か

保育分野における組織論

　2017（平成29）年に改定された幼稚園教育要領、保育所保育指針、幼保連携型認定こども園教育・保育要領では、カリキュラムマネジメントや組織的な対応といったキーワードが示されています。保育の質の向上には組織論的な発想の重要性が強調されています。例えば、保育所保育指針の第5章では、「保育の質の向上に向けた課題に組織的に対応するため」とあります。ここでいう、「組織的に」とは、どのような意味でしょうか。これを考えるために、まず「組織とは何か」を考えていきましょう。

組織の定義

　組織は、1人では構成できません。2人以上の複数の「ヒト」が集まり、活動することで成立します。複数の「ヒト」が、それぞれがもつ力量やエネルギーを発揮することで、1人では成し遂げられないことが達成できるでしょう。1人では持ち上げることができない大きな石を、力を合わせて持ち上げる。これも組織的な活動です。

　「ヒト」は、感情をもった複雑な資源です。それぞれの自由意志に任せていては、それぞれの力を効果的に活用することはできません。大きな目標を達成するためには、「ヒト」を調整する意図的な営み、仕組みづくりが必要になります。アメリカの経営学者、チェスター・バーナードは、「2人以上の人々によって担われた、意識的に調整された活動や諸力のシステム」として、組織を定義しました。そして組織の成立条件として、共通の目的・貢献意欲・コミュニケーションの三つを示しています。

組織の三つの成立条件

　組織は、「理念」を掲げています。組織に所属する「ヒト」は、この「理念」を実現するために活動しています。組織に所属するメンバーは、

> 【組織の成立条件】
>
> 1. 共通の目的
>
> 2. 貢献意欲
>
> 3. コミュニケーション

この「理念」を理解し、その実現に協力的でなければなりません。それが貢献意欲です。組織の目的が達成できるよう、一人ひとりのメンバーには役割が与えられます。その役割を引き受け、それぞれが、培ってきた経験や備えている力量や専門性を発揮し、役目を全うすることで、組織に貢献できるのです。

そして、それぞれが今、どのような活動を行っているのか、伝え合い、組織全体として「理念」の達成がどの程度達成されているのか、状況を伝え合う必要があります。多くの「ヒト」がかかわることで、情報は増え、組織全体の活動は複雑化します。活動やエネルギーが調整されるためには、この情報を積極的に共有する必要があります。「コミュニケーション」が大切にされるのは、組織の「血液」ともいわれる情報を共有するために必要だからです。管理職やリーダーは、これらの情報をもとに、組織にとって重要な意思決定を行います。リーダーシップを正しい方向で発揮するためにも、組織における情報共有、すなわちコミュニケーションは欠かせません。組織のために必要な情報を、正確に適切に積極的に発信することは、組織で働く人の責務です。

さらに、組織のメンバーは、組織の状況に目を向け、助け合い、補完し合います。これが「協働性」です。積極的にコミュニケーションを図ることで、互いに支え合う関係が生まれます。

POINT

- 保育の質の向上を実現する組織的な保育とは何か
- 「組織」の定義を正しく理解する
- 組織の三つの成立条件を保育現場につなげて考える

4 パフォーマンスを生み出す組織論的仕組み

マネジメントの重要なテーマである「ヒト」

　感情をもつ資源の「ヒト」は、複雑なため、ときに管理職を悩ませます。また、実際に子どもと向き合い保育実践を展開する保育者の専門性や力量は、保育の質に直結するため、よりよい保育実践を願う管理職は、当然、保育者の能力を高めようとします。マネジメントのテーマとして、「人材育成」に関心が高まるのは、高い能力をもった「ヒト」が生み出す活動は、高いパフォーマンスを生み出すという公式からなっています。

図　「ヒト」と「パフォーマンス」の関係

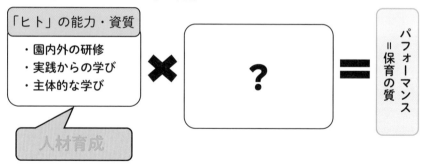

パフォーマンスに大きな影響を与える「人材」

　人材育成のためには、いわゆる「研修」が効果的です。業務に必要な専門的な技術や知識、新しい知見を取り入れたり、実践を振り返り気づいたり、さまざまなテーマや方法があります。研修による能力の開発は、どの業界においても、人材育成の中心的な話題です。研修は、とても有効ですが、日々の仕事に費やす時間と、研修の時間を比較すれば、当然、仕事にかける時間はその何十倍です。つまり、仕事のなかでの学びや育ちの機会が得られなければ、人材育成の効果には限界があるでしょう。つまり、実践を通して学ぶことは、研修と並んで、大変重要な人材育成

への取り組みです。

　さらには、プロとしての保育者は、保育をしながら、自己の課題に直面します。「ヒト」という複雑な存在を理解することは、とても難しいです。一人として同じ存在ではない子どもと向き合う保育者は、日々、悩みや課題を克服するために、「学びたい」というモチベーションが生まれるでしょう。昨今の保育業界では、さまざまな研修が用意されています。この恵まれた環境が、ときに保育者の「主体的な学び」の欲求を生み出す余裕を奪う可能性があるので、注意が必要です。学び続ける姿勢をもった保育者の育成は、この「主体的な学び」の基盤として重要なのです。

人材育成は「手段」である

　組織は、「理念」を実現するために、複数の「ヒト」が集まって活動しています。管理職は、組織が最終的に社会に還元する活動の結果、つまり「パフォーマンス」がより高いものになるように、マネジメントします。極端にいえば、高い「パフォーマンス」を生み出すことができれば、目的は達成されるということです。「パフォーマンス」を生み出す大きな資源としての「ヒト」の能力を高める人材育成の取り組みは、高いパフォーマンスを生み出すための、いわば「手段」です。感情をもった「ヒト」が織りなす現実は、複雑で、ときに厄介です。職員からもちかけられる人間関係にまつわる悩みや相談、離職や採用といった人材確保の問題も、組織には重要事項です。管理職は、「ヒト」にまつわる問題と対峙し、解決しなければ、組織を維持し、発展させることができないため、どうしても人材に着目しがちです。管理職は常に、「目的」と「手段」を取り違えないようにしなければなりません。組織の最終的なミッションである「パフォーマンス」の質の向上という目的にかなうよう、「ヒト」をとらえ、人材育成のあり方を考える必要があります。

POINT
- パフォーマンスにインパクトを与える「ヒト」の重要性を理解する
- 研修に依存しすぎない人材育成の取り組みを考える
- 人材育成はパフォーマンスを高めるための「手段」として理解する

5 人材を活かす 「組織の質」の重要性

パフォーマンスに影響を与える「組織の質」

　組織における重要な資源である「ヒト」の力は、偉大です。だからこそ、「人材育成」はマネジメントの中心的なテーマとなります。しかし、組織が最終的に生み出すパフォーマンスに影響を与えるのは、「ヒト」だけではありません。「ヒト」の力を活かしたり、活かすことができなかったりするため、パフォーマンスを生み出すのは、「ヒト」の能力・資質だけではなく、人材を活かすことができる「組織の質」です。

　組織の質を決定する要素はさまざまです。業界や業種、組織の規模によっても異なるでしょう。保育現場の調査や研究のなかからみえてきた、保育現場における組織の質として重要な要素は次の四つです。

「組織の質」の具体的な要素

　まず一つ目は、保育者の離職原因のトップ３にも入る「職員の関係性」です。さまざまな考え方、価値観をもつ職員の集団であるため、その考えがぶつかったり、わかり合えないこともあるかもしれません。関係性が良好であれば、ストレスも少なく、互いを助け合い協働的な保育が可能となります。しかし、この人間関係は、「仲良しグループ」を意味しません。組織における重要な「情報」が、適切に流れる関係性が重要です。組織にとって重要なネガティブな情報は、相手の反応をうかがい、神経を使って伝えなければなりません。ここに情報伝達の遅れの原因が隠れています。「仲良しグループ」といった閉鎖的で感情的な関係性が組織のなかに生まれることは、情報の偏りを生じる温床になります。必要なことを、冷静に、タイムリーに伝え合える成熟した関係を保つことが重要です。

　二つ目の「学び合う風土」は、昨今のチームで展開する保育、園全体で保育の質の向上を目指す際には、不可欠です。一人ひとりの職員の気

づきや、研修等で学んだことを実践に反映させるためには、同僚の了解が必要です。新しいことを取り入れる、従来の方法を変えるときには、当然、負荷がかかります。よりよいものを生み出すために、この負荷を了解する同僚たちがいなければ、保育の質の向上は不可能です。

　三つ目として、一人ひとりの職員の特性や特徴、長所を発揮するためには、それが発揮できるポジションや役割が必要です。それを「役割付与」といっています。単に、年齢や経験年数によって役割を与えるのではなく、職員のよさを理解したうえで、役割分担を考えること。自分のよさを発揮できると、モチベーションも上がります。さらには、効率的に、心身のストレスをできるだけ軽減できる業務や働き方の見直し、すなわち四つ目の「働く環境（業務改善）」にも影響があります。

　「組織の質」をどのように向上させるのか。管理職のマネジメントの手腕は、組織にどうアプローチし、どう改善していくのか。組織として現場が機能するためのマネジメントの実際について、第1章以降、考えていきましょう。

図　「ヒト」と「組織」と「パフォーマンス」の関係

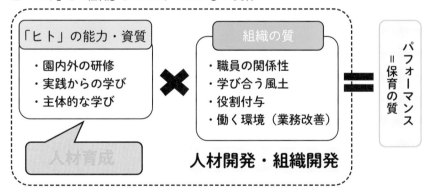

POINT

- ◉「ヒト」の能力、資質を活かすことでパフォーマンスは高まる
- ◉ 管理職は「組織の質」を高める役割を担う
- ◉ 職員の関係性は、冷静に情報を伝え合えるように保つ

第1章

組織になるために**①**

目的を共有する

組織の第一の成立条件としての「共通の目的」。多様な職員が集まり、組織として保育実践を展開し、質の向上を実現するためには、まずは何を目指し、何を大切にするのかを理解し、共有することが必要です。共通の目的としての「理念」をどのように共有し、「理念」をどう活用していくのかを考えてみましょう。

1 組織を成立させる 目的の共有

「集団」と「組織」の違い

　保育現場における組織マネジメントを議論するにあたり、この大きな社会の変化によって、考え方を根本から見直さなければならないかもしれません。しかし、どんな状況でも必要になるのは、これまで積み上げられた理論や考えを理解することです。そのうえで、新しい時代に求められる組織マネジメントについても考えていきます。

　マネジメントで最初に重要となるのは、「集団」と「組織」の違いを意識することです。「組織」とは何でしょうか。当然ですが「組織」であるためには、2人以上の「ヒト」の集まりであることが必要です。

　しかし、「ヒト」が集まって何かをしているだけでは「組織」とはいえません。例えば、渋谷のスクランブル交差点では、複数の「ヒト」が「歩く」という同じ行為をしていますが、この状態を「組織」と考える人はいないはずです。しかし、サッカーの試合をイメージすると、多くの人は「これは『組織』だ」と考えると思います。

組織の成立条件——「共通の目的」は理念の共有

　アメリカの経営学者、チェスター・バーナードは、組織の成立条件の一つに「共通の目的」をあげています。組織に所属するメンバー全員が目的を共有し、その達成に向けて活動することを第一の条件としているのです。

　スクランブル交差点を歩く人たちは「歩く」という共通の行為をしていますが、どこに行くか、何のために移動しているかに共通性、共有する関係性はありません。一方、サッカーのチームの選手たちは、全員が「サッカー」という行為をしていますが、ポジションに応じて具体的な活動は、シュートをしたり、ドリブルをしたり、ゴールを守ったりと異なっています。それぞれの活動の目的は、「試合に勝つ」ためです。つま

り、「試合に勝つ」という目的を共有したうえで、役割に応じてプレーをしています。スクランブル交差点の人たちは「集団」、サッカーのチームは「組織」です。この違いは保育現場でも大きな意味をもちます。

「理念」を実現するための具体的な方針と役割分担

　保育現場における、「共通の目的」は、何でしょうか。組織にとって、最も重要かつ大きな目的は「理念」に抱えられています。どの組織にもあてはまる「共通の目的」が、「理念」です。各法人や園は、幼稚園教育要領や保育所保育指針といった共通の方針を踏まえつつ、組織の特色、つまり「教育理念」や「保育理念」に特徴や願いを込めて組織の個性を表しています。管理職をはじめ、職員全員が、組織が達成しようとする「理念」を理解し、それぞれの役割を受け入れ、行動する必要があります。

　組織的な保育を実践するためには、すべての職員が、「理念（どのような教育・保育を目指すかの方向性）」を共有する機会や仕組みをもつことが必要です。「理念」は簡単には変えることのない大きな目的ですから、たいていの場合は、抽象的な多くの意味を含んでいます。この「理念」を具体的にどのように実現していくのか、管理職やリーダーには、方針やビジョン、中長期的な指針や計画を作成し、職員に示し、伝える役割があります。また、それぞれの職員には、組織における役割を明確に示し、それぞれがどのように目的達成のために貢献しようとするのかを考えられるよう、働きかけることも重要です。

POINT
- 「集団」と「組織」の違いを理解する
- 共通の目的である「理念」を共有する
- 「理念」を実現する具体的な方針を職員と共有する

2 理念の共有と浸透

理念の共有の普及

　組織であるためには、メンバー全員で共通の目的をもつこと、すなわち理念の共有が必要です。保育現場では「教育理念」「保育理念」を共有することが、組織的な保育を実践する前提となります。

　かつて、管理職向け研修を担当していた頃、まだ「理念の共有」というキーワードは普及していなかったように思います。最近では、組織的な保育の重要性の議論が広がり、保育士等キャリアアップ研修を受講するミドルリーダーたちのなかからも、「理念の共有」というキーワードが発言されるようになりました。

理念を「知っている」だけでは足りない

　組織において、理念を共有するとはどのような状態を示しているのでしょうか。当然、「どんな理念なのか」を"知る"必要はあります。最近の職員向けの研修では、「うちの園の理念は」と誇らしそうに紹介してくれる方が増えてきました。理念を"知っている"ことは、保育者として大切なことなのだという理解が進んでいるのでしょう。

　では、理念を"知っている"だけで、理念を共有しているといえるのでしょうか。「共有」とは、2人以上の「ヒト」が一つのものを共同で所有し、利用することです。理念をともに利用し、保育に活かすことによって、初めて「理念の共有」といえるのです。

理念を共有するコミュニケーションのあり方

　理念の共有には、理念を"知った"うえで、その実現に向けて行動し、理念が掲げる保育実践を展開することまでを含んでいます。専門性をもった保育者は、それぞれの保育に対する考え方やそれまでの実践から得られた経験知をもとに、「こういう保育を実践したい」という強い思い

をもっているかもしれません。しかし組織における保育の展開は、理念に沿ったものであるかが重要です。そして、外側から「保育を変えてほしい」と言われても、頑固な大人の学習者である保育者

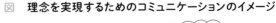

図　理念を実現するためのコミュニケーションのイメージ

理念

理念

園長

主任

理念

保育者

は、それを変容することはたやすくはありません。

　図で示したのは、理念を実現するためのコミュニケーションの方法の一つです。理念という「情報」と保育実践という「行動」を結びつけるためには、まずそれぞれの役職や立場で考えることからスタートします。「理念を実現するためにはどう行動したらいいのか」、理念を解釈し、それに基づき、それぞれの保育の方法やかかわり、つまり行動レベルでの理念の実現の方策を考えます。管理職の号令に従うのではありません。園長、主任、リーダー、保育者一人ひとりはもちろん、新人であっても何か理念の実現のために貢献できることがあります。

　このように、職員全員が理念の実現のために「何ができるか」「何を変える必要があるのか」を考え、行動に反映させ、それを共有し、確認し合うことで、理念は組織のなかに浸透していきます。共有するプロセスを通じて、互いの保育観を確認し職員理解を深めたり、理念の解釈のずれを確認し、修正する機会を得ることもできます。

POINT

● 理念を「知っている」ことがゴールではない

● 全員が職位や経験に応じて理念の実現のためにできることを考える

● 解釈を共有することで、組織に理念が浸透する

3 理念の実現と評価

理念と実践の関係

　理念は、組織の最も重要な目的のため、多くの場合、抽象的な表現がされています。例えば、「子どもたちの今と未来を幸せに」という理念の園が目指す保育実践はどのようなものでしょうか。子どもが「今」幸せと感じる生活や遊び。「未来」に幸せになれるような具体的な経験。目の前の子どもの姿をとらえつつ、この園だからこそ大切にしたい実際の生活や遊び、そして理念が実現したときに、現れる具体的な子どもの姿が想像できます。管理職は、"よし"とされる保育実践を、理念との関係のなかで、イメージをし、職員と共有する必要があります。

リソース（資源）の活用と自己評価

　保育実践を可能にするために、さまざまな園内のリソース（資源）が用意されています。まずは「保育内容」です。どのような遊びや生活が理念を実現させるのでしょうか。あるいは行事も、理念の実現に必要か、その方法が妥当か、検討しなければなりません。

　保育室の環境構成や遊具、素材といった物的環境も、理念を実現する生活や遊びに必要なものが備わっているか、逆に、矛盾するものがないかを吟味する必要があります。園長先生の研修などで、おもちゃの販売などがありますが、単に「面白そう」と取り入れるのは、注意が必要です。理念を実現するために矛盾したものではないか、考える必要があります。

　園外のリソースとして、地域資源をどう活用し、他機関とどのように連携を図ることができるのか。理念を実現するために園が大切にしたい子どもの経験や活動を保護者に理解してもらう必要もあります。

　実践を実現可能にするリソースが過不足なく備わっているかが、管理職が自己評価する際のポイントにもなります。

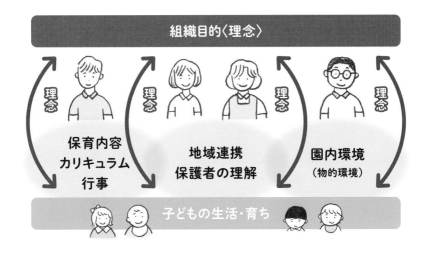

全職員が理念の実現のための自己評価を大切に

　園長や主任は、園全体のリソースを理念に結びつけて自己評価する必要がありますが、職員も無関係ではありません。自分が担当するクラスの生活や遊び、それを実現するための指導計画や具体的な援助、保育室の環境構成や遊具、素材の選択、保護者の方へのお便りなど、日々の実践が理念を実現する方向で進んでいるのかを確認しながら、保育します。

　そしてこの理解は、どうしても「主観」が入ります。抽象的なものを具体的な事柄につなげる際に、それぞれの思考の影響を受けるからです。園内研修では、この「主観」を含め、それぞれの保育者、クラスがどのように理念を解釈し、具体的なリソースをどう整えようとしているのかを共有し、ずれがないかをチェックし合う対話の時間をもちましょう。

POINT

- 抽象的な「理念」をリアルな生活・遊び・子どもの姿につなげて理解する
- 理念を実現するために必要なリソースを評価する
- 「主観」を伴う解釈を園全体で共有し、ずれをチェックする

4 組織の目的達成と 「ヒト」の育成・開発

保育現場における職員の育成

　組織は、「ヒト」という資源を活用し、その目的や理念を実現するために存在しています。採用した「ヒト」がもともと備えている能力を活用するとともに、その能力がより高まることで、目的の達成が現実化、効率化していきます。この能力を高めるために、業務を通じて上司や先輩からの指導を受けるOJTや、職場を離れた園外研修等で学ぶOff-JTを活用して、人材育成を行います。保育業界は、保育者が保育実践を通して、先輩や同僚の保育から気づきを得て、ときに助言をもらう機会を通して成長する、特にOJTが発達した業界といえます。

人材育成を超えて人材開発へ

　昨今では、人材育成に加えて、人材開発という言葉が多用されるようになりました。ホールは、「組織の戦略の実現や目標達成のために、組織メンバーの必要となるような知識、スキル、コンピテンシー、信念を提供し、これらの獲得のために従業員が学習するプロセスを促進・支援すること」を人材開発の定義としています。

　つまり、人材開発は、研修や指導が目的なのではなく、組織の目的を達成するための「手段」となります。中原は、人材開発は、人間の「学習というメカニズム」を「手段」として用いて、組織や現場にインパクトを与え、変化を導くことを「目的」にして実践されるとしています。

　保育において解釈すれば、保育者が学ぶことを通じて、保育実践にインパクトを与え、よりよい保育へと実践が変化することを目的として行われるのです。

　保育士等キャリアアップ研修をはじめ、最近は保育者を対象にした学びの機会は多いです。園内研修を定期的に開催している園も多いでしょう。しかしこれらの学びの機会は、園が目指す保育を実現する「手段」

として位置づけることが必要です。職員を研修に参加させたり、園内研修を企画、実施することで、目的が達成されたと満足してはいけません。

「学び」を保育の質の向上につなげる

【保育所保育指針　第5章　2　施設長の責務】
(2) 職員の研修機会の確保等

　施設長は、保育所の全体的な計画や、各職員の研修の必要性等を踏まえて、体系的・計画的な研修機会を確保するとともに、職員の勤務体制の工夫等により、職員が計画的に研修等に参加し、その専門性の向上が図られるよう努めなければならない。

　保育所保育指針では、園長は、一人ひとりの職員の必要とする研修を見極める必要性にふれています。職員は、与えられた役割を全うするために、力量や経験に不足があれば、「学び」を通して習得する必要があります。管理職の役割に、職員の「学び」をデザインすることが含まれます。単に漠然と職員を研修に参加させるのではなく、一人ひとりの職員がその役割を十分に全うできるように「ヒト」に学習の機会を提供し、現場や保育実践にインパクトを与え、組織の目的を達成するために、「ヒト」を育てることは必須です。

POINT
- 理念を実現するために、求められる能力は異なる
- 保育実践に「インパクト」を与えるからこそ意味がある
- 理念の実現に向けた園全体の学びをデザインする

<参考文献>
・Hall, D. (1984), Human Resource Development and Organizational Effectiveness, Fombrun, C., Tichy, N. M. & Devanna, M. A. (eds.), *Strategic Human Resource Management*, John Wiley and Sons.
・中原淳（2023）『人材開発・組織開発コンサルティング——人と組織の「課題解決」入門』ダイヤモンド社

5 新人職員の組織への適応と組織社会化

組織の目的の理解と保育者のやりがい

　就職の際、最も大事にしたいのは、園が目指す保育の方針と保育者が実現したい保育の一致です。仕事として保育を行うわけですから、当然、給与や休暇といった処遇条件が満たされているかも確認しなければなりません。しかし、プロの保育者として、自身が実現したい職業アイデンティティの実現なくして、やりがいを感じ、働き続けたいと職場に愛着を感じることは難しいでしょう。

組織社会化のプロセス

　新人職員が、組織へ参入し、組織の一員となるために、規範や行動様式を受容し、組織に適応していくプロセスを「組織社会化」といいます。企業等で行われる新採用の職員対象の研修もその一環です。

　社会人として、その組織の一員として、まっさらな状態の職員は、管理職や先輩、同僚からの影響や指導、助言を通じて、次第に組織の一員としてなじんでいきます。このときに最も大切なのが、組織の目的の理解と、その達成に向けた保育の考え方や価値の共有です。理念の実現のために、その園で"よし"とされている保育の方法や方針を理解し、それを自らの保育実践に取り入れ、適応するプロセスが職員に求められます。

　入職前に抱いていた組織のイメージと、実際が異なったとき、そのギャップに戸惑い、うまく適応できないことに悩む職員もいるでしょう。新年度に採用された新人職員が、1、2か月経つと、職場に対して悩みを抱えるのも、この組織社会化のプロセスがうまく進まなかった可能性が考えられます。

能動的組織社会化の流れ

このように、組織からのアプローチで、職員は次第に組織になじんでいきます。一方で、組織側からのアプローチだけでなく、職員の側からも、能動的に組織社会化を図るプロセスの研究も進んでいます。単に、すでにある組織に適応するだけでなく、新入職員が、自ら能動的に

職場に働きかけ、その環境を改善したり、構築したりしながら、自らを社会化することもあるのです。このようなアプローチを「プロアクティブ行動」といいます。

単に既存の組織に適応するだけでなく、「プロアクティブ行動」のような能動的なアプローチは、1年目の職員であっても、組織に貢献している実感や、その一員である手応え、つまり帰属意識を抱くことができます。組織社会化に比べ、よりスムーズに組織に適応でき、組織もまた新しい風を取り入れ、発展できるという双方にメリットがあります。

新人職員が、今ある園の規範や考え方を一方的に受け入れ、それを模倣するにとどまらず、新鮮な感性とアイデアを組織に取り入れながら、組織も活性化し、職員もやりがいを感じられるような新人・若手職員の活躍の可能性をさらに広げていきたいです。そのようなアプローチを、組織全体で受け入れることができる柔軟性が鍵となります。

POINT
- 組織の目的の理解が、やりがいを感じる第一歩となる
- 組織になじみ一員となる組織社会化のプロセスを理解する
- 能動的な組織社会化により新人・若手職員の活躍が広がる

理念の共有、浸透、そして進化

園の理念とは？

「皆さんの園の理念を書いてみてください」

主任保育者を対象にした研修会に参加したときの講師の言葉です。この言葉に私は動揺しました。なぜなら、園の理念をしっかりと書くことができなかったからです。そのとき、周りを見渡すと、気まずそうにスマートフォンを取り出して園のホームページを検索する人が大半でした。つまり、園の中核を担う主任職の方々でも一字一句正しく理念を書ける人はほとんどいませんでした。

しかし、その後の園の保育について語り合うセッションでは、皆さんいきいきと自園の保育や子どもの姿を誇らしく語る姿がありました。

園の理念において大切なことは、掲げた理念が言葉として存在するだけでなく、実践を担う職員が理念に共感し、目指し、日々の実践に浸透していくことではないでしょうか。

理念を体現する園庭環境

私が副園長を務める宮前幼稚園・宮前おひさまこども園では、「愛と感謝を基にして、乳幼児さながらの生き生きと輝く保育を実践し、心豊かに生きられ明日の世界や地球のために貢献できる人を育てる」を保育理念としています。このなかでも特に「生き生きと輝く保育」をキーワードとしながら、子どもはもちろん、保育者自身も自分らしく輝きながら保育実践していけることを目指しています。

この理念をどのような方法で実現、共有、浸透していくことを目指しているのか、その取り組みについて紹介したいと思います。

「生き生きと輝く保育」という理念は筆者の父である園長が掲げたものです。

そして、この理念を実現するために、約30年前から現在まで継続し

て取り組んでいるのが、豊かな自然環境を目指しての「園庭改造」です。以前までの園庭は木々や植物は乏しく、起伏のないだだっ広い平地のグラウンドでした。そのような状況から、園長自身が子

おやじの会の父親たち手づくりの棚田

ども時代に自然のなかでいきいき、わくわくと心を動かしながら遊んだ原体験をもとに、築山、小川、森、ザリガニ池、田んぼと子どもたちが自然にふれ、心動かしながら遊び込める環境を目指し充実させてきました。近年は、保護者も園庭づくりに参画し、おやじの会の父親たちが井戸掘りやビオトープづくりを行ったり、ガーデニングが趣味の母親たちが集まり、四季折々に花を植え替えたり、園庭の自然環境が一段と豊かなものになっていきました。

　園に入園する子どもの保護者、あるいは入職希望者に志望理由を尋ねると、半数以上が、「豊かな自然環境が魅力」ということを話してくださいます。つまり、園が掲げている理念と保育環境が合致しているということがいえるでしょう。長い歳月のなかで小さな変化を積み重ねながら、理念を体現するための環境づくりに力を入れてきました。

保育のなかで理念が根づいていくことを目指して　【共有】

　ただし、理念を体現する環境があるからといって、「生き生きと輝く保育」が実現するわけではありません。職員間でいかにして理念を共有するかが大切になります。

　理念を共有するための一つの方法として、「写真」を活用しています。約20年前から、子どもたちが園生活のなかで「生き生きと輝く」姿

写真を活用した研修の様子

を毎日300枚以上の写真に収めてホームページで発信するということに取り組んできました。そして、その写真に映る子どもの姿から、保育者のかかわりを振り返ったり、環境構成を考えたりしています。

そして、「写真」を活用して理念を共有する具体的な取り組みとして、園内研修の場を設けています。

園では1年間の子どもの育ちと園生活を5期に分けてとらえています（1期：不安と緊張期、2期：自己発揮期、3期：自己主張期、4期：仲間意識期、5期：自己充実期）。

それぞれの期に入る前に全職員で集まり、これまで撮影してきた写真のなかから、その時期を象徴するような子どもの姿や遊びの様子を映し出し、保育者のかかわりや配慮、環境構成で大切にしていきたいことを考えるという研修を行っています。

例えば、入園・進級から2か月経った6月に「子どもが落ち着かない」ことに悩んでいた若手保育者がいました。しかし、「自己発揮期」として、新しい環境に不安を感じていた子どもたちが、園の環境に慣れ、少しずつ自分を出すことができるようになってきた姿ととらえると、「落ち着かない」のは、「自分を発揮できるようになってきた」姿として見方が変わります。悩みや不安を抱えていた保育者も「私のかかわりは、これで大丈夫なんだ」と安心感をもつとともに、自己発揮できるようになってきた子どもの姿から保育を計画していくことができるようになっていきます。

また、この研修のなかでは写真を活用した記録「ドキュメンテーショ

ン」を持ち寄って、語り合うこともしています。私が強く印象に残っている記録があります。それは、年中男児が固定遊具に縄を結びつけターザンのように遊んでいる場面です。一見すると、名もない遊びを楽しんでいる場面に見えるのですが、実はこのとき片づけの時間が過ぎていました。しかし、その場に居合わせた担任保育者は、あまりに真剣に取り組む姿に片づけを促す言葉をかけずに見守ったところ、満足できた子どもは

11がつ14にち（もく）
縄を使って...
まさとくんの
やってみたい!! ＝チャレンジ精神★

真剣な姿...。
縄を太鼓橋の柵の部分に
むすぼうとしています。

高いところに結ぶのは少し難しくて
なかなかうまくいかない様子で
しばらく見守っていると...。
失敗しても縄の先が何度も挑戦し、
やっと...! むすべた!
そして、「ア〜ブア〜（ターザン風）」
と言わんばかりに、ぶらさがり、
揺れることを楽しんでいました♡

チャレンジ精神。大切にしたい（まいりすぎ！）
実はこの時、片づけの時間を過ぎていました。でも、やりたい!が満足
いくと、「こんな遊び方もみんなに紹介しよ〜」と言ってお部屋へ急いでました

「こんな遊び方もあるんだよって紹介しよ〜」と言って、急いで部屋へ戻っていったそうです。

　この記録からは、片づけの時間が過ぎているという理由だけで遊びを中断するのではなく、子どもは何に夢中になっているのかをとらえ、その気持ちに寄り添ったかかわりについて考える機会となりました。つまり、どのような場面でも子どもの側に立って考えることの大切さを確認し合う機会となったのです。このように私たちが大切にしたいことは何か？　を具体的な事例（写真）をもとに、語り合っています。

　年に５回行うこの時間は、理念に基づいた実践のあり方を共有する場として重要な位置づけにあります。「子どもの姿を出発点にする」という、保育の基本的な営みを丁寧に取り組んでいこうとする文化が根づいていく場になっているように感じています。

新人のまなざしから理念が浸透する　【浸透】

　理念を共有し、私たちが大切にしていきたい保育を確認し合う場を設けていても、日々の実践のなかでは目の前の子どもとのかかわりに悩

み、葛藤することが多くあります。

　その迷いや戸惑い、モヤモヤをそのまま表し、ともに考え、次への一歩を踏み出す場として重要な役割を担っているのが「新人保育者が綴るエピソード記録」です。

　これは、子どもとのかかわりのなかで感じた喜びや悩み、葛藤などを週1回エピソードとして綴るというものです。以前は記録したものは園長に提出するだけでしたが、数年前より副園長や主任がフィードバックコメントをするという取り組みを始めました。新人保育者が感じたことに対して、フィードバックしていく取り組みを通して園で大切にしたい理念や保育観を醸成し、職員に浸透していく大切な場になっているように感じています。

　私が忘れられないエピソードがあります。

　年少クラスをペアで担任していた8年目の保育者と新人保育者A先生は、保育室に入室することが難しいBさんへのかかわりに悩んでいました。

　そのようななかで、A先生がBさんとのかかわりについて綴ったエピソードが以下のものです。

A先生のエピソード記録

　雨が降り続いた1日。給食前の時間、Bさんがテラスにずっと座り込んでいた。給食の準備が終わるまで、部屋のなかから見守り、部屋が落ち着いてきてからBさんのところへ行った。Bさんに「何をしているの？　給食の準備が終わったから部屋に戻ろう」と声をかけた。すると、Bさんは「景色が綺麗だから」と言った。Bさんの言葉につられ、私も一緒に園庭のほうを見ると、色づき始めている木の葉や花がとても綺麗だった。

　私もBさんが見ているものと同じものが見たくなり、目線を合わせて低い視線で見ると、また変わった景色が広がり、とても新鮮な気持ちで景色を眺めることができた。

　時間としてはほかの子どもたちは給食を食べている時間だったた

め、テラスでは私とＢさんの２人だけでとても静かな空間でゆっく
りと落ち着いた時間を過ごすことができた。少しの間、２人で雨の
音を聴きながら、雨の降る園庭を眺めていた。

先輩保育者のコメント

　Ｂさんの見ている世界を一緒に見てみようとする姿勢、そしてＢ
さんが感じている思いをまるっと受容してあげられるＡ先生の温か
なまなざしとかかわりがとても素敵だなと感じました。昼食前後の
時間は、ゆっくりとかかわってあげることがなかなか難しいタイミ
ングでもあると思います。そんななか、Ｂさんにとっての「今この
ときにしか感じることのできない気持ち・見ることができない景色」
に気づいて、そのときを共有し寄り添うＡ先生のかかわりに、自分
自身を振り返ってハッとしました。

　別の日に私がかかわりに行ったあのときも、Ｂさんはもしかした
ら好きな外の世界をゆったり眺めていたのかもしれません。「先生
に手伝ってほしいんだもん」と言い、廊下にいることも多いＢさん。
いつものこと、というように「さっ、一緒に準備しよう！」とすぐ
にＢさんの手を引きお部屋に入ってしまいました…反省です。

　Ａ先生のように目線を合わせ、その時々の気持ちに丁寧に寄り添
うことが、何よりも大切なことだなとあらためて気がつくことがで
きました。Ａ先生の素敵なところが表れているなと感じます。

　私も一緒に、２人が見ていた景色を見てみたかったです。

※エピソードの一部を省略しています。

　エピソード記録は数年前より取り組んできましたが、前述のやりとり
はこれまで園が積み重ねてきたものと明らかな違いがありました。それ
は"保育者同士の関係性の変化"です。

　これまでの多くは、子どもとのかかわりに悩んでいる新人保育者に対
して、先輩保育者がアドバイスをするという形が基本でした。もちろん、
それにも価値があり、子どもとのかかわりのヒントになることがたくさ
んあります。しかし、このエピソードでは、新人保育者の子どもへのま

なざしから、先輩保育者が自身の子どもとのかかわりを省みたり、学んだりするという、新しい関係性が生まれていました。

　これは、私が同僚性の高い職員集団を目指していくなかで、職員に常々、職員同士の関係性について、「垂直関係（タテの関係）と水平関係（ヨコの関係）を意識しよう」と伝えていたことにつながります。具体的には「園の業務については『教える―教えられる』という垂直関係になることはあって然るべき。しかし、その関係性がすべてではない。特に、子どもとかかわることについては、経験年数や常勤・非常勤等の立場は関係なく、それぞれの感じ方、考え方を尊重し、対話をしながら子どもについて『ともに考える』ことを大切にしていこう」と伝えてきました。

　先ほどのエピソードでは、まさに子どものことについてともに考え、保育者の経験年数等を超えて学び合う水平関係となっていました。保育者同士のかかわりのなかで理念が「浸透」していたことに大きな喜びを感じた瞬間でもありました。

ICT活用の工夫
　エピソード記録は、ビジネスコミュニケーションアプリ上で共有して

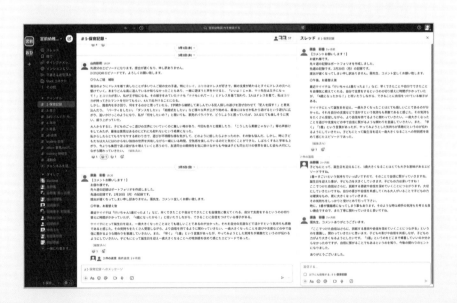

います。そして、全職員が新人保育者が綴るエピソード記録と主任・副園長のフィードバックコメントを見ることができます。また、適宜、コメントやサイン（いいね！マークなど）をつけることもできます。

　つまり、同じ保育場面に立ち会っていなくとも全職員でエピソードを共有することを通して、全職員で園が大切にしたい保育観をともに考え、確認し合うことで理念がじわじわと浸透する場になっているように感じます。

理念に基づいて、方法を再構築　【理念の進化】

　最後は、新型コロナウイルスの感染拡大によってこれまでの行事を見直しせざるを得なかった事例についてご紹介します。新型コロナウイルスの感染によって社会が大きく変わり、保育現場も大きな変革を余儀なくされました。

　当園では、3学期の行事として年長児は劇あそび会に取り組んでいました。しかし、感染拡大の懸念から実施が難しくなりました。当初は、これまでどおりの活動が行えないことへの不安や焦りもありましたが、「子どもたちの育ちにとって大切なことって何だろう」「もしかしたら、こんなこともできるかもしれない！」と、理念に立ち戻り、私たちが保育のなかで大切にしていきたいことや、保育の可能性についてあらためて問い直す機会になりました。

　具体的には、年長児一人ひとりが自信を深めて卒園してほしいという思いから、3年間の園生活のなかで好きになったことや得意になったことから、目標を自分で決めて取り組んでいくという活動を始めました。例えば、「木工でパチンコゲームをつくりたい！」「コマで手のせの技をできるようになりたい！」などの目標です。私たちはこの取り組みを「チャレンジ活動」と名づけ、子ども一人ひとりの挑戦したい意欲に寄り添い、支えていくことになりました。

　この活動を構想・計画していくなかで大切に考えたのが、「大人が自分の持ち味を活かしながら、子どもの活動を支える」ということです。そして、実際に園長がコマ名人、用務員が木工名人、パート職員が手芸名人…として子どもとともに活動をしていきました。つまり、園の理念で

右余白（縦書き）
1

組織になるために❶目的を共有する

ある「生き生きと輝く保育」を子どもも大人も当事者となりながら展開していくことができた機会になりました。

これは私たちにとって大きな挑戦であったとともに、理念がさらに進化した手応えを感じることができた実践にもなりました。そして、理念で掲げた想いは変わらずとも、そこから生まれる実践の方法は多様であっていいということもあらためて実感する出来事になりました。

今後も、理念の不易と流行を探し続け、その時代時代に即して変化を恐れない姿勢を大切にしていきたいです。

園長はコマ名人、用務員は木工名人、パート職員は手芸名人として、それぞれの持ち味を活かしながら子どもの挑戦に寄り添う

（亀ヶ谷元譲）

第2章

組織になるために②
園・チームに貢献する意欲を育む

組織の第二の成立条件としての「貢献意欲」。自分のやりがいやモチベーションを超え、組織やチーム、理念の実現に貢献する意欲をもって、働くことが組織人には求められます。一人ひとりのよさを認め合い、互いにフォローし合える関係を構築することで実現する保育の質について考えてみましょう。

1 保育の実現に貢献する意欲

働くモチベーションと組織の条件

　「ヒト」は、生活の糧としての報酬を得るために働きます。多くの仕事のなかから「保育」を選び、保育者となり、経験と専門性を活かし、子どもや保護者のためにという志もあるでしょう。給与ややりがい、自己発揮といった個人的な欲求が、働くモチベーションのベースになっています。

　アメリカの経営学者、チェスター・バーナードは、組織の成立条件として、「共通の目的」に加えて、メンバーの「貢献する意欲」をあげています。個人の利益を追求すると同時に、組織の目的（理念）の実現を願い、そのために活動し、目的達成に貢献するモチベーションをもっているメンバーによって組織は構成されています。裏返せば、組織人として働くためには、自己の欲求に加え、組織に貢献する意欲をもっていることが必要なのです。

　第1章で、サッカーのチームを組織として紹介しました。チーム（組織）の目的は「試合に勝つ」ことです。選手は、その目的を達成すべく、チームに貢献する意欲をもってプレーをします。与えられた役割を受け入れ、チームが「勝つ」ために技術や経験を最大限発揮することが、組織的にプレーをすることになります。つまり、自分の得意技を披露し、プレーヤーとしての自分を称賛することに懸命で、チームが負けてしまっては、組織人としては失格です。

「理念」が目指す保育の実現に貢献する意欲

　保育の現場はどうでしょうか。保育者はそれぞれの特性や経験、保育観をもっています。「こういう保育をしたい」「子どもとこうかかわりたい」「自分の特性を活かしてこんな活動を取り入れたい」。専門職者だからこそ、保育へのこだわりもあると思います。

しかし、園は組織だということを忘れてはいけません。自分が積極的に「そうしたい」という思いがなかったとしても、「組織に貢献する意欲」をもつというのは、組織の目的である園の理念を実現するベクトルに合わせて、保育者としての専門性を発揮することです。初めてのことであっても、理念がそれを求めているのであれば、積極的に取り入れてみることです。

新しい方針や考え方を取り入れる柔軟性をもつ保育者

理念を実現するための方針やビジョン、具体的な取り組みがときに方向転換されることもあります。これまで取り組んでこなかったことを求められると、大人の学習者としては、抵抗を感じたり、戸惑ったりすることもあるでしょう。しかし、園の方針として示されたものについては、職員全体で取り入れたいものです。

最近は転職する保育者が増えました。保育者のキャリア形成には、大切なことです。中途採用の職員が感じる難しさに、方針や方向性の共有があげられます。「以前勤務した園ではこのやり方だった」など、これまでの経験や保育観をそのまま他園にもち込もうとすると、摩擦が生じることもあります。まずは、その園が目指す保育の方向性を理解し、これまでの経験を活かす方法を探りながら、新しい可能性をもたらすこと。理念を中心にし、園全体で保育を高め合う柔軟性をもちたいです。

POINT
- 働くモチベーションを超えてチームや園に貢献する
- 理念が目指す方向の保育実践を実現する
- 中途採用の職員もまた同じベクトルで保育を行う

2 組織における役割の理解

効率的に活動するための「役割」の重要性

　組織が成立するためには、2人以上の複数の「ヒト」の存在が必要です。複数の「ヒト」で一つの活動をする場合、当然そこには「役割」が存在します。気の合う2人では、「阿吽の呼吸」で成し遂げられることもあるかもしれません。しかし、「阿吽の呼吸」では伝わり合えない関係性だったり、2人以上の多くの人数がかかわる組織だったり、あるいは高度で複雑な目的を達成するためには、それぞれの「ヒト」が「自分は何をなすべきか」が理解できていなければ、ちぐはぐな動きや無駄な重複が生じます。そうかと思えば、誰も手をつけずに、抜け落ちてしまう作業が出てくるかもしれません。

　組織としての活動が円滑に進んでいくためには、それぞれに担わされた「役割」が必要になるのです。

役目を受け入れ、務めを果たすこと

　役割とは、割り当てられた役目です。役目は、それぞれの役に与えられた「務め」です。つまり、組織においては、それぞれのメンバーに「務め」が割り当てられています。管理職や上司は、組織の目的の実現のため、メンバーの特性や技能、経験やパーソナリティなど、さまざまな観点から最も適切な役目を割り当てます。メンバーは、与えられた役目を受け入れ、その「務め」を果たすことができるよう、責任をもって仕事に励むことが求められます。

　役目は、必ずしも望みどおりに与えられるわけではありません。しかし、割り振られた役目を受け入れ、務めを果たそうとすることは、組織人としての責任でもあります。

　例えば、ワールドカップのために召集されたサッカー選手たち。監督の戦略と采配によって、与えられるポジションは多様です。なかには、

望んでいないポジションを与えられる選手もいるかもしれません。しかし、チームの勝利のために、そのポジションを受け入れ、そこで発揮できる最高のパフォーマンスで貢献することで、チームは成立します。

「役割付与」という組織の要素

年功序列という風習が長い日本の文化においては、仕事における役割も、年齢や経験年数といった「時間」に影響されることが多いです。しかし、「ヒト」には、単に長い経験だけでは発揮し得ない、それぞれがもった特徴があります。昨今では、「ヒト」がもっている特性、特に長所や魅力に着目し、それらが発揮できるようなポジションや役割を与える「役割付与」という考え方が浸透してきました。

確かに、経験者だからこそ発揮できる力もあります。しかし、「リーダー」という役割についても、単に経験が長いというだけで、その役に向いているとは限りません。若手であっても、その園で求められる「リーダー」という役割を全うする長所をもった職員もいるかもしれません。「何年目だから」という時間軸だけで、役割を決めるのではなく、職員の特性を見極め、その人の「得意なこと」が最大限発揮できるような役割分担ができる組織は、高いパフォーマンスを生み出し、職員もやりがいや自分の存在価値を実感することでしょう。

POINT

● 組織として活動を遂行するためには「役割」が必要となる

● 与えられた役目を全うする

● 特性を活かせる役割を与える

組織における役割と評価

多様な職員の評価の難しさ

　組織では、メンバーに役目が割り振られ、その務めを全うすることが求められます。職員の評価の観点は多岐にわたりますが、組織論の観点では、まず、この与えられた「務めを全うしているか」を欠かすことができません。組織には、入職したての１年目の新人から、10年目の中堅、20年以上のベテランの保育者まで幅広い経験の職員がいるかもしれません。正規職員のほか、１週間に数時間の非常勤の保育者が活躍している現場もあるでしょう。無資格で保育補助を担う職員がいることもあります。保育職以外の看護師や栄養士などの専門職も配置されています。これらの多様な職員をどのように評価したらいいのでしょうか。

組織のメンバーには「役割」が与えられている

　人事評価の方法や観点は多様ですが、そのなかでも重要なのは、それぞれの職員が組織から与えられた「役割」を全うしているか、です。

　保育実践としての功績という観点からみれば、１年目の新人と10年目の中堅では、おそらく後者の職員のほうが貢献度は高いでしょう。

　しかし、それぞれの与えられた「役割」をどの程度、全うしているのか、それは経験によらず、評価できます。新人職員には、「まずは先輩からの助言や指示を受けながら、保育の周辺業務にも率先して取り組む」ことを求めていたとしましょう。それが全うできていれば100点満点です。

　リーダーとしての中堅保育者の場合、保育の力は当然あります。子どもとのかかわりも遊びの展開もすばらしいです。しかし、リーダーとして、後輩や同僚をケアしながら、よりよい関係構築に配慮せず、自分の保育ばかりに目が向いていたとしたら、保育としての貢献はすばらしいですが、「与えられた役割」は全うできていません。このようにチームや

組織において、役割をどの程度全うし、貢献しているのか、しようとしているのかの評価は、組織としてとても大事だと思うのです。

「組織図」を活用しよう

組織には「組織図」があります。これは、組織の構造や体制を可視化したものです。指示命令系統を明確化し、情報伝達やコミュニケーションの円滑化を図り、権限や役割を明確にする意味をもっています。

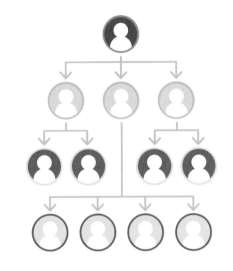

園によっては、職員全体が組織図を理解していなかったり、何年も同じものを使用していたり、まだまだ組織図の活用には課題がありそうです。職員の増減や入れ替わり、新しい課題に効率的に向き合うためには、数年に一度は、組織図の見直しを行い、組織の体制がこれでベストなのかを管理職は検討する必要があります。自分そして同僚の役割が理解できることにより、互いに業務を補い合ったり、助け合ったり、再分担することができるようになります。職員理解に基づき、その役割に適切な人員配置ができているのかも、入念に検討しましょう。

POINT
● 「結果」だけを評価の対象にしない
● 役割をどの程度全うしているのかは、重要な評価の視点である
● 組織図を活用し、組織的な機能をもたせる

4 チームや園全体に目配りできる職員の資質

与えられた仕事を全うすることだけでは不十分なのか

　管理職対象の研修では、ときに、「職員が自分の仕事しか関心をもっていない。周りを見て仕事をしてくれたら」という声を聞きます。保育者は労働者であり、それぞれの働く目的や働き方に対する考え、プライベートと仕事のバランスなど、さまざまな思いをもち、働いています。

　なぜ「自分の仕事」と割り切ることが、組織にとって問題なのでしょうか。保育者は自分の立場や役割に応じた業務を任されているため、それを全うすることは第一の務めです。そこで責任を果たすと思うことは間違いではありません。組織人として、このことに加えて必要になるのは「協働意思」をもつことです。「協働意思」とは、ともに働く仲間たちとともに、組織のため、その目的達成のために働きたいというモチベーションを意味します。ときに、自己の持ち分を超えて、同僚のため、チームのために自分ができることを率先して行う必要があるのです。

組織の目的を実現するための役割の再分担

　これまでも組織のイメージとして紹介してきた、サッカーのチームを例に考えます。ポジションによって、選手に任せられている役割があります。それを全うすることは重要ですが、ほかのポジションで調子が悪い、負傷したなど本領を発揮できない選手がいたときに「自分の役割ではない」と、そのポジションを放置し、誰もボールを追いかけないということはないはずです。誰かが、そのポジションをカバーし、どうにかボールをつなぎ、試合に勝とうとするはずです。

　自分の役割を広げるとともに、チーム全体でその選手の持ち分を補完しようと全員で考え、役割を再分担することによって、チームとして戦い続けることを目指します。その理由は、チームの目的が「試合に勝つ」ことだからです。組織であるための「共通の目的」と「協働意思」をも

つことは、ここでつながってきます。そして「共通の目的」が魅力的であるほど、「協働意思」は高まります。

園全体に意識を向け、互いに支え合う組織になる

　組織的な保育が展開されるためには、園という組織で働く保育者一人ひとりが自分の役割を全うすると同時に、「共通の目的」である園が目指す保育（理念）を実現するために、自分ができることはないかと考え、各クラスやチーム、そして園のために必要な働きをすることが求められます。

　困っている同僚がいたり、そうしたチームがあったりしたとき、一人ひとりが自分の役割を広げて対応可能な力を注ぐことは、組織であるための条件なのです。

　このことを実現するためには、職員が周囲に目を向け、各クラスで、そして園全体で必要なことを把握する視野の広さをもたなくてはいけません。自己の役割を理解しつつ、ほかに役割を全うすることに苦戦している人やチームはないのか。そのためには、状況をお互いに伝え合い、全体を把握するシステムも必要です。管理職やリーダーは、職員が必要に応じて、組織全体の状態を把握できるような情報共有の体系をつくることが必要となります。

POINT
- 組織の目的を達成するために貢献する気持ちをもつ
- 必要に応じて役割は再分担する
- クラスや園全体に意識を向け、協働的な組織をつくる

5 組織に貢献する「ヒト」という資源のインパクトの大きさ

一人の職員の存在の大きさ

　マネジメントは「ヒト」という多様な特性をもつ資源を活かして、よりよいものを生み出す営みです。「ヒト」と「ヒト」が出会い、影響し合い、その相互作用によって、何倍もの力を発揮します。その相互作用に大きな影響をもつ職員もいることでしょう。保育現場の組織は比較的中小規模ですから、一人の職員が与えるインパクトは、大きいです。

　地方にとある保育園があります。地元に密着したこの園では、採用した職員を「家族のように大切にしたい」と、園長先生は職員と丁寧に向き合いながら組織づくりを進めてきました。

　よさを評価し、時間をかけて育てていく。マネジメントでは、どの職員も可能性を信じて育てることが重要です。しかし、それは一筋縄ではいきません。時間をかけても、なかなか変化を感じられないことがあります。その一方で、保育者としての資質を豊かに備えた職員の力で、園全体の雰囲気が変わることも事実です。

園のために「何ができるか」を考える職員の存在

　この園を訪れた際、きらりと光る保育者の存在にすぐ気づきました。子どもへの公平な姿勢や共感的で愛情深いかかわり、同僚への気配り、現場の雰囲気を明るくする人柄。特に「いいな」と思ったのは、担当するクラス以外の子どもに対しても細やかに目を配り、必要な援助を当たり前のように行っている姿でした。

　また、気づいたことを担当保育者にさりげなく伝える自然体のコミュニケーションは、「子どものために伝えたい」という思いの表れでした。当然、園全体の子どもから親しまれ、同僚からも大きな信頼が寄せられていました。

　アメリカの経営学者、チェスター・バーナードが提唱する「組織であ

るための成立条件」に、「貢献する意欲」があります。この保育者の動きは、常に園にいる全員の子どもたちに目を向けた保育実践だったのです。

　自分に任された仕事を全うすることは、職業人として当然です。しかし、チームや組織のために「何ができるのだろうか」と考え、自らの職務や役割を超えて、園の子どものために、チームのために考えて行動できることは、組織人としてとても重要なのです。

組織の風土をつくる「ヒト」という資源

　かつては結婚、出産などをきっかけに退職することが多かった保育者も、最近は様子が変わってきました。保育者の人材確保やキャリア形成という観点からは、これからも一層増えていくことでしょう。地域を超えた採用も珍しくなくなっていますが、まだまだ、地方では地元の人材だけで保育を展開している状況が残っています。

　先述の魅力ある保育者は、その後、家庭の事情で転居、退職してしまうのですが、彼女が残した、周りのために働く姿勢や職員同士が助け合う関係性は、今もこの園の風土として残っています。組織マネジメントは「今」の現場をよくすることと同時に、持続的に現場をよりよい状態に整えることも含まれます。職場風土によい影響を与える職員は、組織にとってかけがえのない宝なのです。

POINT

● 「ヒト」という資源が組織にインパクトを与える

● 園の保育の質向上のために考え保育をする職員の存在を大切にする

● 「ヒト」の存在が組織の風土に影響を与える

6 数値化・可視化することが難しい保育者の貢献度

　企業の場合、売り上げなどの数値化されたミッションがあり、それを達成するために各部署は客観的な目標を掲げます。働く人たちは、目標を効率よく達成するために「何が必要か」を考えて行動します。目標を達成できたかどうか、より高い目標に到達できたかどうかで評価され、それを「やりがい」と感じます。

　では、保育者の仕事はどうでしょうか。「子ども（人間）の育ち」は数値化することができず、目標や達成を客観的に示すことが困難です。昨今、保育の評価スケール開発など保育実践の可視化が注目されています。科学的根拠から、客観的に保育の質を測る方法の開発は必要です。しかし、「人の育ち」を完全に数値化することは難しいです。幼児期の教育が「生きる力」の基礎を育てるものだとすれば、その経験がもたらす結果は、この時期に限定されるものではありません。

「やりがい」だけに頼らない

　保育者の「目の前の子どもにとって、最善を尽くす」「自分が担当する子どもたちに対して、できる限りのことをやってあげたい」というような子どもに対する真摯な姿勢が、評価されます。

　一般企業から保育の世界に入ってきたある園長先生には、このような保育者の姿が、「保育者らしい真面目さ」として映り、評価していました。

気をつける必要があるのは、子どもにとっての自分の存在や影響が大きいことを「やりがい」と等価してしまうことです。「子どもに対して一生懸命な保育者」であることを、保育者としての「やりがい」に置き換えると、自己満足に陥る危険性があります。存在や影響の大きさにやりがいを感じると、「この子どもたちには、自分がいないと」という思いを生み、「こんなに一生懸命にやっている自分」への満足や子どもへの執着につながります。「私のクラス」「うちの子ども」という言葉には、子どもやクラスに対する愛情と責任を表していると同時に、保育者の枠組みに子どもを閉じ込めてしまう危険性もあります。

管理職は、職員の一生懸命さに頼って、保育の質の向上を実現しようとしてはいけません。

園全体で子どもの育ちを支え認め合える組織へ

確かに担任保育者は、子どものことをよく理解しているため、子どもに与える影響は大きいです。しかし、子どもの立場から考えると、担任保育者だけの影響を受けて、生活し、遊んでいるわけではありません。園長や主任、ほかのクラスの保育者、事務員、用務員、バスの運転手など、多くの大人、そして子ども同士の仲間関係のなかで育ちます。

組織的な保育の質を問われている現代、この「私のクラス」の感覚を緩やかにもち、保育者同士が、互いに協働しながら、子どものよりよい生活をつくろうとする意識が必要です。園の職員全員で子ども全員を育てていると考えたとき、子どもの情報の共有が必要になり、互いに声をかけ合い、手を差し伸べ、協働的な保育が実現すると思うのです。園が組織である以上、保育者の「やりがい」も園全体の子どもの健やかな成長と幸せな生活の実現であり、それが最終的な目標、「理念」なのです。

POINT

● 可視化できない保育の難しさがある

● 「やりがい搾取」にならないようにする

● 園全体で子どもの成長を支える組織を目指す

職員の "よさ" が輝き合う信頼される組織を目指して

社会から信頼される組織になるために

　眼下に雄大な琵琶湖を望む小高い丘に建つ認定こども園星の子保育園に勤務し始めて14年、27歳で園長となり、10年が経とうとしています。現在は、私が勤務する園の向かいに建つ第二星の子保育園、隣接学区に建つはぐみの家仰木星の子を含めた3園に、運営法人の業務執行理事としてかかわり、約110名の職員と日々よりよい園づくりに取り組んでいます。

　保育の職場には、日々の保育や食事の提供そのもののみならず、その計画・記録・振り返り、保護者支援、事務、行事の企画・運営など多種多様な業務が存在し、配置基準をベースにした限られた環境下で、これらを実現していくことは容易ではありません。

　私が勤務し始めた頃、多くの重要な仕事が、若手を中心とした正規職員や特定のリーダー層に偏ってしまう構図がありました。かなりの時間を費やし、責任をもって職務にあたってくれているメンバーの存在があってこそ、当時の保育が支えられていたのです。しかし、そうした職場環境下では、職員の定着率が安定せず、離職が園の課題でした。待機児童問題がクローズアップされていた当時、「保育の量」のニーズに応えることに精いっぱいで、現場に良好な循環をもたらすことは難しく、「保育の質」を検討するゆとりはありませんでした。

　このような悪循環を改善しなければ、やがて園の社会的価値が低下していくのではないか。当時の私は、強い危機感を抱いていました。まずは、働きやすい環境づくりから着手しました。職員の処遇の向上や育児短時間勤務制度、ノー残業デーの導入です。まず労務の制度や福利厚生を整えることが、よりよい職場環境につながると考えていました。しかし、数年が経過しても好循環が生まれる兆しはみられません。表面的な職場環境の改善に取り組むだけでは、職員にとって「仕事をする意味や

価値」「仕事の本質」には変化が起きないことに気づかされました。職員が願っていることはもっと別のところにあるのかもしれない、何かを見落としているのかもしれないと思うようになりました。

保育者の本音から気づかされた職場づくりのヒント

あるとき、育児短時間勤務制度を活用している保育者が、「育児短時間勤務制度で仕事と育児の両立はしやすいが、勤務時間が短くなって園のなかで自分の価値まで低下した気がする」と私に教えてくれました。別の保育者は、「将来子育てがひと段落した頃に、自分の人生に子育てしか残らなかった、とはなりたくない」と語ってくれたことがありました。人は、どのようなライフステージにあっても、心のどこかで「価値」や「やりがい」を感じることができる仕事に携わりたいという願いをもっているのではないか、と気づかされたのです。

職員の本音にふれ、単に物理的な働きやすさを実現するだけでなく、心理的な仕事をする意味や価値に気づき、やりがいを感じられるようになるにはどうすればよいのか。この園・チームに所属していることに価値を見出し、保育の面白さを実感できる職場づくり。さらには、職員一人ひとりが仕事を通して自らの成長や自己実現がかなう園づくりができないだろうかと強く考えるようになりました。

あらためて自園の構造的な課題を振り返ってみたところ、「前例踏襲」「しなければならないことをこなす」ための会議や相談が中心で、私自身も含めて、園全体がそうした波にのまれながら仕事にあたっていたことに気がつきました。毎日の業務をこなすことに精いっぱい。新しいアイデアや提案から、保育が生まれ、職場を自らよりよくしようという、いきいきとした感覚を職員がもつことが難しい環境だったのです。

さらには、職員像も「こうあるべきだ」というようなものが暗黙的に優先され、それぞれに「らしさ」や「得意分野」をもっていながらも、そのポテンシャルを活かす機会を園としてつくれずにいました。こうした園の風土を変えていきたい。早速いくつかの取り組みをスタートさせました。

誰もが提案することができる機会の創出

　前例や日常業務から離れて新たなアイデアを提案する機会をつくるために、保育のなかで「あったらいいな」という家具のアイデアコンテスト「家具ワングランプリ」をすべての職員が応募できる形式で開催しました。自分の部屋の家具を吟味して購入し愛でるように、保育室の空間の一部となる家具づくり、しかもオーダーのものづくりにかかわることができれば自ら提案したり園づくりに参画する喜びにつながりやすいのではないかと考え、形に残るオーダー家具を題材にしました。コンテスト形式については、誰でも応募できるイメージをもてるかなと考えたためです。すると、図鑑収納スペース付きオリジナル研究机の応募がありました。幼児が、図鑑を見開きながら植物や昆虫を観察し、見比べたりできるものです。どの保育カタログにも載っていない、保育者ならではのアイデアが詰まったすばらしい家具でした。

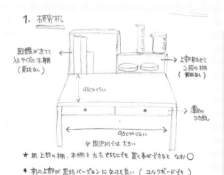

保育者からの応募

制作した家具

　この研究机をはじめ、保育者の提案から生まれた家具が、今も保育室や園庭で活用されています。

　そのほかにも、園のパンフレットやホームページに使用する写真をフォトコンテストで募集したりもしました。雇用形態や勤務時間に関係なく、職員誰もが提案することのできる組織。そのアイデアが形となり、園づくりに貢献できる実感をもつことができれば、園に所属している喜びとやりがいにつながると感じました。その後も、面談シートに書かれ

た保育者ならではの気づき（勤務シフトや保育環境など、多岐にわたります）を、リーダーミーティングで共有し、できることから一つずつ実現することで、園づくりの中心として保育者の提案を活かすマネジメントに取り組みました。

一人ひとりの「らしさ」を活かすプランナー制度

あるとき、保育補助のＡさんが手づくりおもちゃをつくってきてくれました。そのクオリティの高さ、つくるスピードに周囲のメンバーは驚きました。Ａさんは、前職でウエディングドレスをつくっていた経験と技術をもっていたのです。そのときから、「こんなのつくってもらえませんか」と保育者からのオーダーがＡさんに舞い込むようになりました。「Ａさん！　Ａさん！　ってこんなに頼りにしてもらえたのはこれまで生きてきて初めてです」と、Ａさんが私に、涙ながらに教えてくれたことを、今でも覚えています。

誰もが「他者から頼られる喜び」や「自分らしさを誰かのために活かしたい」という思いを根源的にもっており、職場でこうした自己実現がかなうことが、人にとって「仕事をする意味や価値」の大きな部分を占めているのだと考えるようになりました。そして、「その人らしさ」が仕事に活かされたとき、いきいきと輝き、その人の力が存分に発揮されるのだと強く感じました。

「その人らしさ」を活かすマネジメント——プランナー制度

当時、保育の質向上のために、空間的・物的な保育環境の充実を園の課題にしていました。園を見渡してみると、「草花」「生き物」「玩具や素材」「家具」「絵本」等、保育者それぞれの関心事と結びつきそうな環境の要素があることに気づきました。この要素を軸に、職員一人ひとりの「らしさ」を発揮できる方法はないかと考えたのが「プランナー制度」です。園の業務を分担する、いわゆる「〇〇係」とは異なります。

「プランナー制度」の基本ルールは、以下のとおりです。

＜プランナー制度＞

・何のプランナーになるかは原則自分で選ぶことができる。

- ・しなければならな
  いことはない。た
  だし提案はどれだ
  けしてもよい。
- ・プランナーのかけ
  もちも OK。

プランナー制度の実践（1）【自分らしさを活かす】

　インテリアプランナーの B さんは、通園バスで子どもの送迎が終わった後の帰り道に、車窓から見える道端の野草一つひとつの名前や特徴を話してくれるほど草花に詳しく、保育室のテーブルやテラスには、B さんが道端で摘んできてくれた草花が飾られ、子どもたちが四季や心地よさを感じることができる環境を提案してくれています。

　また、その野草の名前や特徴を同じプランナーの C さんがまとめ、職員のグループチャットで配信してくれることで、すべての職員が飾られている野草について知ることができ、なにげない子どもとの会話に活かすことができる可能性を広げています。

　さらに玩具プランナーの D さんは、HOSHINOKO TOY NEWS を作成し、園にある遊びの素材や玩具について、その性質や特徴を保育に活用しやすいようにまとめ、保育者向けに発信してくれています。TOY NEWS の作成以外にも、どういった種類の素材や玩具が自園にあるかを把握しやすいように要素ごとに分類してバックヤードを整理したり、保育者が環境構成に活用しやすいようなアプローチを提供したりと、保育

者の環境構成の理解を深めること に貢献してくれています。

　園や地域にある環境を保育の質向上に活かすためには、その意味や価値をよく知っている誰かが、チームに向けて発信してくれることが大切なのだと、こうしたプランナーの取り組みから気づかされます。子どもと同じように、大人の興味・関心や感性もそれぞれ異なります。園や地域に良質な環境があっても、そのよさに気づけていない、活用できていないことは案外多いのではないでしょうか。

　プランナーの発信により、園や地域にある環境がもつ性質や可能性に気づくことができれば、保育者の視野が広がり、保育のアイデアもより豊かにすることができるのではないかと思います。

HOSHINOKO TOY NEWS!!

pickup!
"グラパット"を深掘り【part1】

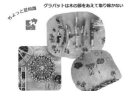

2023. April. No.1 by Toy planner Ayaka & Tomoko

プランナー制度の実践（2）【誰かの苦手を補う】

　本園では、写真を使用した記録をはじめ、保育者の業務も ICT の活用が増えています。これまで事務仕事を経験していない保育者も多く、PCなどの機器の操作が苦手な職員層も、当然います。「このやり方がわからなくて…」という声も、よく聞こえてきます。そんなときは ICT プランナーの出番です。やり方がわからないという保育者の声に、必要な情報を提供したり、「こうすれば効率的にできる」というちょっとしたテクニック（ショートカットキー等）を、おおむね月 1 回くらいの頻度で、誰かから「わからない」という疑問が出てくれば、その都度、解決法や効果的な情報を全体に向けて掲示板やグループチャットで発信してくれています。

　仕事を通して、困ったことがあったときや自分の力だけではできそう

にないことに出会ったとき、「教えてほしい」「助けてほしい」と伝え合えることは、自律的なチーム、保育者としてとても大切なことではないでしょうか。

　努力すれば自分でできるようになることはもちろんありますが、ICTのようなスキルに限らず保育者として自分自身を高めようと思っても、人はそう簡単に変われないこともあります。一人ひとりが自分を高めようとすることはもちろん大切にしながらも、それぞれの「らしさ」を活かし合い、苦手を補い合い、チームとして機能していればそれもよいのかもしれません。プランナーの取り組みが進むにつれて、私自身のなかでこうした思いが大きくなっていったように感じています。

プランナー制度の実践(3)　【誰もが輝くことができる】

　学生の頃から絵を描くことが趣味だった保育者1年目のEさんは、早速、インテリアプランナーとして活動しています。子どもにとって親しみのある身近な風景等を題材に描いた絵を保育室やエントランスに飾り、園の文化的な空間づくりを提案しています。保育の内容については、まだ自信がないEさんも、自身の得意を活かしながら、プランナー活動を通して、同僚と語り合う機会をもち、早くから園のメンバーの一人としての存在と自覚を抱くことができているように思います。

　また、障害者雇用で園に勤めて半年が経ったFさんは、健康＆リフレッシュプランナーです。日頃は園内の清掃等の業務を担ってくれていますが、なにげない会話のなかで、Fさんが音楽を聴くことが好きだと知った副主幹が勧めてみたそうです。

　Fさんは、メンバー一人ひとりに好きな曲をリサーチして、昼食・休憩スペースにある機器にプレイリストをつくり、一緒に働く仲間のお気に入りの曲が休憩中に流れ、リラックス、リフレッシュでき

る環境を提案しようとしてくれています。

　勤続年数が浅い職員は特に、保育そのものを通して自分らしさを園のなかで発揮することは簡単ではありません。保育のスキルのみならず、その人の趣味やバックグラウンドを含めて「関心があること」「これまで生きてきたなかでかかわったこと」、こうした特性に目を向ければ、チームのために貢献できることはきっとすべてのメンバーにあります。

　また、「あなたらしさって？」「得意なことは？」と聞かれると、なかなか出てこないこともあるかもしれませんが、周りの仲間との対話から「らしさ」が見出されることもあると気づかせてくれるエピソードです。

プランナー制度の実践(4)
【職員のつながり・コミュニケーションを支える】

　保育の仕事は勤務時間の多くを子どもとかかわり、それぞれの出退勤時間や担当クラスも異なることから、同僚とのコミュニケーションは工夫しないととりづらい環境下にあります。スタッフ・コミュニケーション・プランナーは、職員の交流を促進する情報誌「はぐくみ time」を定期的に発行し、職員が相互に理解し合うツールとして、力を発揮しています。「はぐくみ STAFF 旅スタグラム＆うちの子（ペット）自慢」の特集号では、情報に面白さがあることはもちろん、職員の人となりにふれることができ、コミュニケーションを生み出すきっかけにもなっているようです。

プランナー制度というシステムからも学びがある

　チームのなかで、自分の「らしさ」を同僚やチームのために活かせること、困ったときには誰かに頼れること、ときには誰かから頼られるこ

と、コミュニケーションのきっかけが見つかること、どれも小さなことかもしれませんが、地層のように積み重なることで、職員一人ひとりがチームに所属している意味や実感が高まったり、互いを認め合う機会が自然と増えていったように感じています。

　しかし、このプランナー制度も、同じプランナーに5名前後のメンバーがいると話し合う時間がなくて取り組みが進みづらい、いつの間にかプランナーというより係のように義務感が生じてしまっていないか等、数年取り組むなかで当初の目的とのずれも生じてきました。

　こうしたことから、機動性を高め個人でも提案しやすいように、プランナーの数を当初の9種類から49種類（職員約50名程度に対して）に選択肢を増やしたりと、仕組みのチューニングを続けています。

職員の特性を尊重するために「理念」が重要になる

　子ども一人ひとりのその人らしさを大切に育むことを園の理念・方針の一つに掲げています。その理念を実現していくためには、まず保育者が園のなかで自分らしさを発揮しながら仕事に携われること、一人ひとりのその人らしい実践や提案をチーム内で大切に認め合えることが第一歩ではないかと考えています。

　一方、多様な職員がその「らしさ」を活かしながら園づくりに参画することは、ときにチームよりも個人の価値観が優先されてしまう可能性を内包するものでもあるため、園の理念・方針という柱のあり方がますます重要になります。園の理念が「こうでなければならない」といった狭義なものとなってしまうと、メンバーが「らしさ」を主体的に発揮できる余地がなくなってしまうため、理念・方針は方向性を示す少し幅のあるものとして、繰り返し丁寧に発信、共有することを心がけています。

　その幅のなかで、それぞれが「らしさ」を発揮し、互いに貢献し合いながらチームとして仕事・保育の質を高めていこうとするメンバーの姿が増えてきていることに、組織としての今後の伸びしろを強く感じています。

（中西淳也）

第3章

組織になるために❸

コミュニケーションを
豊かにする

組織の第三の成立条件としての「コミュニケーション」。組織の血液とも呼ばれる情報共有をはじめ、職員同士の信頼関係の構築やリーダーシップの発揮、人材育成と、マネジメントの土台を支える大事な条件です。日常的なコミュニケーションはもちろん、組織が活性化し、有機的に機能し、発展するためのコミュニケーションのあり方についても考えてみましょう。

1 組織における意思疎通としての情報共有

コミュニケーションの意味

　アメリカの経営学者、チェスター・バーナードは、組織の成立条件の一つとして、コミュニケーションをあげていますが、組織論におけるコミュニケーションの一つに、「情報共有」があります。多数のメンバーで構成される組織のなかには、それぞれが知り得た情報、職場で起きた出来事など、さまざまな情報が溢れています。この膨大な情報を、必要なメンバーがタイムリーに把握できる仕組みが必要です。なぜならば、意見を調整したり、物事を決定する際、その判断材料として、正しい情報が取得できなければ、判断や決定を誤ってしまい、組織が正しい方向に進むことができないからです。

　組織の様相は複雑ですが、バーナードは、組織を「2人以上の人々によって担われた、意識的に調整された活動や諸力のシステム」と定義しました。つまり、情報共有のシステムもまた、組織であるための重要な条件の一つといえます。そして、このシステムが機能することで、組織内では情報がやりとりされ、その情報をもとにさまざまな決定がされます。そのあり方を示しているのが、一般的にいう組織図です。

組織上部から伝達される情報——理念や方針

　園長は、組織のトップに位置します。その役割は、「園運営の方針を決定する最高権限をもち、最終責任を負う」というものです。園運営が最適になるように、園長は方針を決め、副園長や主任に伝えます。副園長や主任の役割は、「園長が決定した方針を理解する」ことです。この方針を、副主任等のミドルリーダーに伝えます。副主任等のミドルリーダーは、「管理職の方針を理解すること」が最大の役割です。そして、この方針を今度は現場のクラスリーダーたちに伝えます。クラスリーダーは、ミドルリーダーから伝わった方針を理解し、クラスにいる保育者たちに

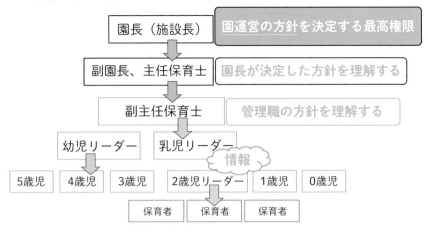

伝え、方針に則った保育実践が展開されるようにチームをマネジメントします。

「組織図」の活用と情報伝達

　このように、「組織図」は役割を示しているのと同時に、組織における重要な情報の伝達システムを示しています。つまり、園長が決定した方針は、直接、保育者たちに伝えられるのではなく、主任や副主任、クラスリーダーたちを通して伝わるのです。伝わるプロセスを通して、情報は、組織全体に行きわたります。例えば、主任が副主任たちに情報を伝えず、直接、保育者たちに伝えてしまったら、その情報は副主任たちには伝わらず、一部のメンバーだけが情報を知ることになってしまいます。組織全体における情報共有の重要性が叫ばれていますが、それが実現するためには組織図を活用し、情報伝達システムを体制とともに園内で確立することが必要です。

POINT

- 組織における決定や判断材料となる情報の重要性を理解する
- 管理職から伝わる情報伝達経路を把握する
- 組織体制に示された情報伝達システムを活用する

2 現場から発信される情報の共有

理念や方針とは異なる現場発信の情報

　法人や管理職が決定した方針といった、組織の上部から現場におりてくる情報のほかに、それぞれのチームや現場、立場で対応した出来事に関連する情報もあります。子どもの様子や日々の保育実践、保護者からの要望やそれに対する対応、職員の意見や悩みなど、多様な情報です。保育者は、これらの情報をまずはチームで共有し、クラスリーダーはこれを把握します。クラスリーダーはこの膨大な情報のなかから、組織で共有すべき重要な情報を取捨選択し、クラスリーダー会議等で共有したり、必要に応じて副主任等に伝えます。そのやりとりのなかで、クラスリーダーの悩みや対応の難しさに、副主任がアドバイスしたり、新たな手立てを示したりすることもあるでしょう。モデルで示している流れは、便宜上、一方向に流れているように見えていますが、「コミュニケーション」は双方向ですので、情報伝達の際に、互いに情報を伝え合うという関係性にあります。

主任、副主任の役割と情報共有システム

　副主任たちは、現場で起きていること、それぞれのクラスリーダーの考えや方針、管理職に共有すべき情報を主任に伝えます。主任は、副主任たちから報告される情報をもとに、各クラスで起きていることを把握します。日常的に保育室に出向き、保育者と話したり、保育の様子を見たりして情報を得ることも当然あります。しかし、それだけで情報を得ようとすると、常にすべての保育室に出入りしなければなりません。主任の役割は、それ以外に多くの業務を担っています。その時間も確保しようとすると、すべてを自分の「目」で確認し、直接的に情報を収集することは不可能です。直接的、感覚的にとらえる必要がある情報は、実際の保育室に行き、収集すること、間接的、客観的に得ることができる

図　**組織下部からの伝達システム**

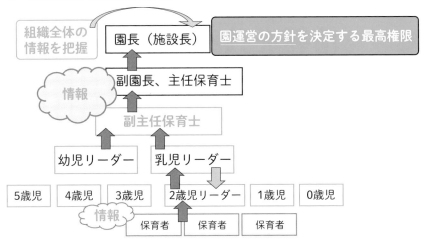

情報は、情報伝達システムに載せて、情報共有することが大切です。

職位を超えて情報伝達されることによる弊害

　直接的、感覚的に主任自ら、現場から情報を得た場合には、それらを共有する必要が出てきます。ミドルリーダーを介さないで、保育者から得られた情報も然りです。つまり、情報伝達システムのルートをスキップして伝わった情報は、また別の方法を用いて共有する必要性が生じます。組織のなかで「知っている人」と「知らない人」が生まれ、この情報の偏りが組織の正常な機能を奪うことがあるからです。

　ここでいう情報は、組織におけるフォーマルな情報です。現場で起きた重要な情報は、部下から上司へ報告する必要があります。情報は、上部へ上がっていくごとに、重要度に応じて取捨選択され、洗練したものとしてトップへ伝えられます。洗練されずに情報が伝達されると、組織の上部には情報が過多となり、混乱が生じます。

POINT
- 日々の保育実践のなかから生まれる情報も把握する
- 主任やミドルリーダーは効率よく情報収集を行う
- 直接的情報と間接的情報の取り扱いに配慮する

組織全体で情報を共有するとは

組織全体で情報を共有する意味

　情報は、組織における「血液」のようなものです。正常な循環経路をたどり、必要な箇所に隅々まで行きわたることで、それぞれの器官が機能し、生命体として活性化し、活動が可能となります。一部分に血液（＝情報）が止まれば、うっ血します。逆に、全く血液が届いていない部分があれば、そこは壊死します。必要な血液が正常に流れることによって、一つの生命体（＝組織）が存続することができるのです。

　園全体で情報共有することが大切だ、という話を聞きます。ここでいう全体で情報共有するとは、どのような状態でしょうか。園内のすべての情報を、全職員が把握している、ということなのでしょうか。

　組織が組織として機能するために、それぞれのメンバーに役割が割り当てられ、それを役目として引き受け全うすることの大切さを第2章で示しました。その役目を果たすために必要な情報があります。その情報を共有することは、必須です。しかしながら、役割を果たすために直接把握する必要がない情報もあります。通常、企業などの組織においては、「部」や「課」「係」があり、それぞれの部署に与えられた業務があり、その業務を行ううえで必要な情報を把握する必要があります。そして、それぞれの部署のリーダー同士が、必要に応じて互いに情報を伝え合い、リーダーの判断でそれらを自身の部署に伝えるというシステムになっています。

情報の洪水により疲弊する現場

　園のなかには、無数の情報があります。日々の実践のなかで起きた出来事、子どもの姿、保護者からの声、保育者の働きかけやその意図、業務連絡など、多岐にわたる情報すべてを全職員で共有することが、組織全体で情報共有することと同義であると認識するのは、注意が必要で

す。

　「ヒト」は、情報に対して「慣れ」が出てきます。SNSの普及を含む現代の情報社会の発展によって、私たちの生活には、情報が溢れています。過剰な情報量といってもいいかもしれません。情報にふれ続けているうちに、情報に対しての私たちのセ

ンサーは、知らず知らずのうちに「鈍感」になっている可能性があるのです。実際、私も大学を運営するなかで、チームで情報共有する際には細心の注意を払います。つまり、チームに伝わる情報が、ある一定ラインを超えると、メンバーは、情報に対して「鈍感」になります。自分に深く関係のある情報と、そうではない情報が、日々、なだれのように襲いかかってきたとき、その必要性を判断する余裕がなくなります。すべての情報に目を通しているつもりが、必ず把握しておかなければならない情報を見落とし、業務の進行に支障が生じる可能性があります。これは、チームだけではなく、私自身も実感するところです。

　あまりに多くの情報が流れすぎているという場合には、職員が情報に疲弊することがないように、必要な情報が必要な人に確実に伝わるように、流通する情報を整理する必要があります。多くの情報を、多くの職員が共有できていることが目的ではなく、何のために、どの情報を共有することが必要なのか。管理職、リーダーは、職員の様子を把握しながら、情報流通をコントロールすることも考えなければなりません。情報もまたマネジメントの対象なのです。

POINT
- 組織における「血液」ともいえる情報の重要性を理解する
- 情報過多による現場の疲弊を生まない
- 情報の取捨選択と流通量をコントロールする

4 コミュニケーションの基盤となる信頼関係

管理職と職員のコミュニケーション

　組織には、職位、役職があります。それぞれに役割があり、それを分担し、全うすることで大きな活動が展開できるからです。職位に応じて、業務があり、それに伴う責任もあります。つまり、責任の所在という点では、職員は平等ではありません。保育現場では、園長は当然、園運営の方針を決定する最高権限をもっていますから、組織のなかではトップリーダーとなります。企業では、上司と部下という表現が一般的です。第5章のリーダーシップで説明していますが、上司は部下が能動的に仕事を全うすることができるようにサポートしながらも、その仕事の結果の責任を負うことになります。状況によっては、上司から部下に指示や命令を与えることもあるでしょう。また、上司は部下の評価者になります。このように、対等ではない関係性のなかでのコミュニケーションのあり方は、とても複雑で、デリケートです。

指示待ち症候群の職員を生み出すコミュニケーション

　人材育成の研修などで、ときに「職員が指示待ちとなっていて、管理職から一つひとつ指示を出さないと、仕事をしない。どうしたらいいのか」という相談を受けることがあります。多様な職員が集まる組織においては、職員全員が、同じように高いモチベーションをもって働いているわけではありません。当然、そのような個人差ともいえる仕事への姿勢の多様性はあります。しかし、場合によって

は、管理職やリーダーの日頃のコミュニケーションのあり方が、指示待ち症候群の職員を生み出している可能性もあります。

　上司と部下の関係性では、部下の仕事の最終的な評価を与えるのは、上司です。業務を進める具体的な基準、「何を」「どうやって」「いつまでに」「どのレベルまで」達成させるのかを決定するのも、上司です。つまり、上司に「答えがある」と部下が認識した時点で、「どうせ自分が考えても、上司が決めるのだろう」と、思考を上司に任せてしまいます。こうなると職員の思考は停止します。上司の思考に合わせているほうが、安全で、安心、確実だからです。

職員のアイデアをポジティブに受け止める関係性

　そのような関係に陥らないためには、「上司がすべてわかっている」という発想や思考を、管理職やリーダーはときに立ち止まり、省みる必要があります。部下からの発想や意見を、ポジティブに受け止めることは、大切でしょう。「こうしてみたい」という部下からの提案に対して、まずは「いいじゃない。やってみたら」と受け止める姿勢を示すことからスタートです。

　さらには、組織やチームのために、時間をかけて考え、提案してくれる姿勢こそが、「貢献意欲」の表れです。内容や完成度はともかく、貢献しようとする姿勢を受容し、評価することです。その提案に不足している観点があれば、それを部下とともに考えるといいでしょう。管理職とのコミュニケーションのなかで、つまり対話的に提案をブラッシュアップしていくプロセスにおいて、部下と上司の信頼関係は構築されていきます。その関係性のなかで、提案することの面白さ、自分を認めてくれる上司への信頼を通して、自らの意見や提案を積極的に発信する姿勢が高まり、能動的、主体的に活躍しようとする職員が育ちます。

POINT
- 上司と部下という対等でない関係性の難しさを理解する
- 指示待ち症候群の職員を生み出さないための工夫を施す
- 部下の提案を受容するコミュニケーションを培う

5 一人ひとりの職員の多様性を認めるコミュニケーション

組織づくりの第一歩はコミュニケーションに始まる

2020年代以降、待機児童対策を目的に、保育の量の確保のために新しい保育施設の立ち上げが、さまざまな地域で進みました。法人にとっては、事業の展開という将来を見通した事業の拡大という意味もあったかと思いますが、それでも、一つの施設が生まれるというのは、新しい組織づくりに着手するということです。

新しい組織をつくるというのは、そう簡単ではありません。もちろん、「ヒト・モノ・カネ」が整えば、形式的につくることは可能です。しかし、園舎が建ち、職員を採用し、子どもが入園してくれただけでは、園になることはできません。運営資源のなかで最も複雑で重要なものは「ヒト」です。しかし、この「ヒト」をそろえただけでは機能しません。職員がどのように組織に根づき、役割を理解し、役目を全うするのか。その方向性や評価基準、「うちの園は」という暗黙の了解を含めた組織の風土が、いわば「ゼロ」の新設園におけるマネジメントの困難を極めます。そのとき、管理職のリーダーシップの発揮やマネジメントの営みがなければ、組織になることは難しいでしょう。

職員を肯定的に見る「まなざし」

そのような、新設園におけるマネジメントから、組織づくりについて考えてみたいと思います。まずは「職員を知ろう」とする姿勢を管理職が見せることが大切です。管理職側の価値観に「合う」かどうかではなく、まずは職員がどういう人なのかを、公平な目で「知る」ということです。「ヒト」は、コミュニケーション能力に長けています。自己をどのように評価しているのかということを、コミュニケーションのなかで察知します。端的にいえば、自分を肯定的に、受容的に評価している管理職に対して、自己の情報や考えを開示することは可能です。しかし、否

定的で懐疑的な目で自分を見ている
管理職に、自分をさらけ出す職員は
いません。つまり、職員を理解する
ためには、それを開示してもいいと
思える信頼を管理職に寄せていなけ
れば、それが開かれることはない、
ということです。

職員の多様性を了解する管理職の責務

　これは保育と同様です。子どもは、受容的・応答的で、子どもの世界
を壊すことがない大人に対してだけ、その世界を開いてくれます。信頼
関係は、すべての基本です。大人は、子ども以上に複雑な背景をもって、
職場で保育をしています。その職員が、管理職に自己を開くというのは
とても難しいことです。管理職やリーダーは、この職員の複雑性を理解
したうえで、コミュニケーションを図る必要があります。上司と部下は、
対等ではありません。上の立場にあるものは、部下の複雑性を了解した
うえで、どのようにコミュニケーションを図るべきかを考える責務があ
ります。それが、上司という仕事です。自己を開いてもいいと思える上
司に出会った部下が、初めて自己を開示して、自分らしさを発揮できる
のです。それを可能にするのが、管理職の仕事といっても過言ではあり
ません。もちろん、管理職も「ヒト」です。すべての部下と100％のコ
ミュニケーションを実現することは難しいでしょう。それを補填するた
めにも、リーダーシップとフォロワーシップの概念が必要となります。
つまり、自分では対応できないことを、代わって実現してくれる存在。
例えば、園長と副園長・主任がそのようなタッグを組んでいる園は、マ
ネジメント的に強いといえます。

POINT
● 組織の立ち上げとコミュニケーションの必要性は連動する
● 公平なまなざしで職員を理解する
● 職員の自己開示を可能にするリーダーの役割がある

6 「集団」から「組織」になる ためのコミュニケーション

人生を通して培った多様なフィルターをもつ職員

　さまざまな価値観がもち込まれる組織のなかでは、「この方針でいこう」と管理職が伝えても、それが職員に伝わるとは限りません。上司と部下という関係が前提ですから、表向きには「わかりました」と部下は答えるかもしれません。作業レベルの業務であれば、職員は本音を押し殺して、仕事だからと割り切ることができるかもしれません。しかし、保育という営みは、子どもの育ちを支える専門性の発揮が求められます。この「育ち」に対する価値やイメージは、保育者一人ひとりによって違います。それぞれの保育者がどのような乳幼児期を経験し、どのような教育を受け、親や教師を含め影響を受けた大人のふるまいや言動、そして自分が経験してきたすべてを総動員して、子どもと向き合おうとしているのです。これを私は「学びのフィルター」と呼んでいます。このフィルターを評価するのではなく、認めることから、コミュニケーションは出発すると考えています。

対話を大切にするからこそ生まれるマネジメントの必要性

　多様なバックグラウンドをもった職員と組織をつくるためには、「対話」が必要だと話してくれる園長先生がいます。時間をかけながら、互いの価値観を近づけていくしかない。新しい組織をつくる大事なときこそ、時間をかけて一人ひとりの職員に伝えたい。就任当時はこの園長先生もそう願い、組織づくりに力を尽くしました。しかし実際には、60人近い職員とそのような「対話」をすることは、不可能です。園長先生の、一対一で丁寧に「対話したい」という思いはすばらしいです。しかし、物理的にそれには、限界がやってきます。それを目の当たりにしたとき、「組織になりたい」「リーダーを育てなければ」と決心したそうです。管理職がすべての職員に直接的に働きかけ、職員は横並びという組織は少

人数のメンバーでしか成立しません。組織の規模が大きくなると、リーダーを要とした階層的な体制が必要になってきます。しかしこのような体制づくりは、マネジメントの本質ではありません。一人ひとりの職員が理解され、尊重されるために、体制が必要なのです。

　園長に代わって、職員と直接コミュニケーションを図るリーダーの存在は、重要です。誰をリーダーにするかについて、この園長先生は「『感性』が合う人」と答えてくれました。マネジメントでは日々、さまざまな対応や判断が求められます。すべてを事前に打ち合わせ、共通認識を図ることは難しいのです。「感性」が合う人は全部を伝えなくても直感でわかり合い、十分に対応できる素地をもっています。

組織的に人を育てるための対話

　リーダーには人材育成の方針も共有してもらうことが求められます。園長が対話的に職員に物事を伝え、育てたいと思うのであれば、リーダーも対話的に育てる力を備える必要があります。

　この園長先生は「リーダーが対話的に育ってきた実感が必要なのではないか」と語ります。リーダーが管理職との対話のなかで「話をじっくり聞いてもらえてうれしかった」「自分の弱点を受容してもらえた」「自分の成長に伴走的に寄り添ってもらえた」という実感をもてたかどうかです。方法論として「対話的にかかわることの大切さ」を理解しただけでは難しいのです。人を育てる、人が変容するためには、表面的な行動の変化では意味がありません。その人が納得することによって、他者に対しても伝えることができるからこそ、この園長先生は今、リーダーとの対話を積み重ねています。焦る気持ちがありながらも、丁寧な対話に時間を使う。このジレンマに向き合うことも、管理職の資質の一つではないかと思うのです。

POINT
- **職員一人ひとりのフィルターを尊重する**
- **直接的対話の限界を認めリーダーの存在を大切にする**
- **リーダーの育ちがコミュニケーションに影響を与える**

7 組織を支える日常的な コミュニケーション

コミュニケーションの多様性、多目的性を了承する

　組織的、業務的、形式的なコミュニケーションは、どんな組織にも存在します。理事会や園内研修、リーダー会議など、さまざまな「伝え合う」機会が設けられています。それは、儀式的な意味も含めて、必要な場合があります。私も実際、自校の入学式や卒業式に参列し、組織に所属している実感をあらためて感じたり、よさや特性を確認したりする機会になっています。組織に所属する一員としては、重要な時間です。

　それに比較し、日常的に現場で、業務を連絡し合う会議もあります。これも具体的な実務を進めていくうえで、必須です。さらには、ときに、「ちょっといいですか」と声をかけられ、会議にあげるほどではないが、疑問や不安に思っていること、特に教育内容について、話しかけられることがあります。これも、重要なコミュニケーションです。もっといえば、業務時間外に、プライベートで相談を受けたり、場合によっては会食をしたり、それよりもなお、日常的に毎朝あいさつをするなど、コミュニケーションは多様、多目的なのです。これを、一概に「コミュニケーション」と一括りに語るのは、適切ではありません。

組織を支える日常的なコミュニケーション

　私もあいさつを含め、日常的なコミュニケーションを大切にしています。教員同士は当然ですが、事務局に配置されている職員にはなおさらです。なにげない会話のなかで垣間みえる発言や表情、動きを含めて、無自覚的に表現する発信のなかに、それぞれの実情や本音が表れているからです。そのような些細な時間を共有することで、互いの距離が縮まります。心配な様子がみられた場合は、すぐに声をかけます。

　しかし、これが本来の業務上のコミュニケーションではありません。これらは、その下支えとなるものです。日常的なコミュニケーションが

成立していることで、満足してはいけません。このコミュニケーションがあるからこそ、ときには、管理職が厳しい指摘や難しい要求を示しても、伝わる可能性が高まります。また、職員の困り事や改善してほしいことも、率直に伝えてくれる素地が整います。

組織の目的や目標を達成するためのコミュニケーション

　組織の最終ミッションは、理念の実現です。そのミッションを達成するためには、メンバーが積極的にコミュニケーションを図り、必要な情報を適切に、タイムリーに共有することが必要になります。そして、それを可能にするためには、日常的なやりとりのなかで、節度をもってかかわり、互いに組織の一員として尊重し、それぞれの役割を全うできるように支え合おうとする意識と風土が必要になります。

　気の合う職員同士で楽しく仕事をすることは、ストレスが少ないかもしれません。しかし、職場は、仲良しサークルではありません。組織やチームには、達成すべき目標があります。それを実現するために、ともに働く人の存在を認め、自分の役割を真摯に全うしようとする意識をもつことは、組織人の資質として欠かせません。ときに、失敗をすることもあるでしょう。自分に不都合なことであっても、組織やチームにとって重要な情報を開示する勇気をもち、誠実にリカバリーしましょう。人は、失敗をするものです。失敗を隠したり、責めたりするのではなく、それを協働的にサポートする優しさもまた、組織人の資質です。

　そのために、組織に所属するすべての人は、自分が周囲にどのような影響を与えているのか、周りから支えられているのか、その客観性と謙虚さを忘れてはなりません。

POINT

- すべてのコミュニケーションの土台となる日常を大切にする
- 多層化しているコミュニケーションの質の違いを把握する
- 組織の目的達成のための謙虚さと優しさをもつ

コミュニケーションを豊かにする

開設時の園の状況

　東京都中野区の公立保育園が2園閉園し、その7割程度の園児を受け入れ、新設園として開園したのは2008（平成20）年のことです。開園当初は新しい職員ばかりで、保育の価値観も違い、コミュニケーションもとれていない状況でした。日々の保育や業務が忙しく、話し合いも少なく、話し合いをする時間をつくるためには、夜の遅い時間に無理をして行うことが精いっぱいの状況でした。そして、保育中もやり方が違うことに対して、言いたいことを強く言う人や何も言えないが不満に思っている人など、殺伐としていました。一人ひとりが一生懸命であったと思いますが、それぞれに余裕のない状況だったのです。

　職員会議は、日頃の情報の伝達が十分にできていないことで、「ここぞとばかり」にたくさん伝えようとしてしまい、報告するだけで精いっぱいでした。そして、クラス会議も言ったもの勝ちのように強い意見がぶつかり合うなか、発言できない人は議論から置いていかれている、そんな状況でした。

　子どもが好きで保育士をやっている職員は、一担任として保育をやっていきたいという思いが強く、リーダーや主任等の役職者にはなりたくない、職員の育成等はやりたくない、なるべく責任はもちたくないという気持ちをもつ職員が大半を占めているのが実情でした。

保育士が大事！　管理者層の限界！

　開園当初、私自身も園長としてのあり方を模索していました。保育に関する経験や知識のなさをカバーするためか、職員との信頼関係をより築きたいという気持ちの表れか、「自分で何でもやらなくては」という気持ちが強く、全部を把握し、指示しなければと思っていました。その結果、夜中まで仕事をするという日々が続きました。これではいけないと、

もがくうちに二つのことに気づかされました。

　一つ目は、心理学を学んでいくなかで、"カウンセリングは、カウンセラーに力があって、相談者に力がないのではなく、相談者自身にこそ力があるということ、それが正常に発揮されていないだけであり、カウンセラーは相談者の力を信じ、サポートすることの大事さ"を学びました。それを実際の園のなかで自分に置き換えてみると、園長という管理者としてさまざまな決断を求められるなかで、自分こそ力をつけなければ、職員を守れないとそればかりを考えていました。しかし、職員にこそ力があり、守られるだけではないということに気づきました。そして、職員と接するなかで、管理者の力、自分一人の力には限界があり、皆の力を合わせ、チームでやることで、園運営を成し遂げることができるのだということ、実質的に保育を頑張っている保育士の力が園運営の力のほとんどだということに気づかされました。

　今考えれば当たり前のことなのですが、そのときは無我夢中で、自分のことしか頭になく、自分が運営を任されている以上、どううまく運営できるか、周りを振り返る余裕はありませんでした。

　二つ目は、保育士の姿と子どもの姿は写し鏡のようにとても密接に関係しているということに気づかされました。「保育士がいきいきしているから、子どもたちもいきいきする」、そして、「保育士がよく考えるから、子どもたちもよく考える」「保育士がいろいろ発言できるから、子どもたちもいろいろ発言する」「保育士の個性が光るから、子どもたちの個性も光る」。

　保育士が要であり、どうモチベーションを高め、いきいきと仕事をしてもらえるのか。そのためにはまず、保育士の環境の見直しが、管理者が取り組むマネジメントの第一歩だと考えたのです。

　事務や掃除をする職員を雇うことで雑務を軽減し、保育士が保育に集中し、自分のやりたい仕事ができる居心地のよい職場環境を考えていきました。また、職員が「楽しい」と思える保育とは何か、自分たちが目指す保育の具体的なイメージを明確化し、職員全員で共通意識をもてるよう研修などを積み上げていきました。今もなお、メリハリのある働き方について考え続け、有給休暇取得・消化率のアップや ICT 化による業

務の効率化、書類を書く時間や休憩の保障等の改善に取り組んでいます。これは継続してずっと考えていくことになるでしょう。

「伝わる」ことを大切にした話し合いの時間

　園長として園を運営するなかで、最も大事なのは職員同士のコミュニケーションだということに気づきました。何か問題があるときはコミュニケーション不足のことがほとんどでした。保育士は対人援助職です。理解してくれない、うまく伝わらない、何であんなことをするのかなど、コミュニケーションに関する悩みはつきません。

　また、リーダー職は、「伝えたのにやってくれない！」と憤慨することも一般的に多いようです。「伝える」ことと、「伝わった」「理解できた」ことの間には、食い違いが生じることも念頭に置いておかないと、憤りを感じたり、悲しくなったりします。

　組織の要は情報の循環です。管理者層の思いを肯定的に伝えていくことと、一担任の思いを肯定的に吸い上げていくことが大事です。情報が動脈と静脈のような流れで循環していくことが大事であり、滞ると身体が病気になるのと同じで、組織も病気のようになります。

　コミュニケーション力のなかでは特に、伝える力、受け止める力、相談力、交渉力、そして周りの意見とのバランスをとる力、声なき声を聴く力が大事になってくると思います。そして、私が一番大事にしている考え方が、「アサーション」です。「相手を思いやりながら自分の意見を伝える力」であり、子どもへの対応、保護者への対応、職員同士でも大事にしていきたい考え方です。人を否定したり、言いなりにならず、自分らしく生きることができる一つの手法ではないかと思っています。

　保育園は、シフト制で仕事をしていることもあり、一緒に話し合う時間をつくることがとても難しいのが現状です。しかし、忙しいという理由で話し合いを後回しにしていると、ゆくゆくは大きな問題となって現れ、余分に時間をとられるということがあります。そのため、できる限り話し合う時間をつくることを心がけることが、早い問題解決につながると思います。

　リーダー同士で話し合う会議や、クラスで話し合う会議が、話し合い

のベースですが、どうしても話す時間がない場合、一日に5分だけ話し合いを続けることも一つの手法です。できない理由は、いくらでもあります。一つでも多く「どうやったらできるか」を一生懸命考えることが有意義であると感じています。

違いを認める力

　他人を受け入れ、認めるためには、まず、自己を認めることが大切です。つまり、自己肯定感をもつことが鍵となります。まずは、自分を振り返ってみることが大切です。

　共感性が強い人は、「私とあなたは似ている」という考え方から始めるため、「もともと自分と他人は違う価値観をもっていること」を前提に考えるのは少し難しいですが、そう考えると、感情的になることが少なくなります。考え方が違うことを認識するためには、職員との話し合いや研修を重ねたり、書籍等でタイプ別の価値観を知ったりすることもその方法の一つです。例えば、当園では、行動派、理論派、目的派、調和派など、いろいろな個性があること、タイプによって大切に思うことの優先順位がそれぞれ違うことなどを学びました。もちろん、それも一辺倒ではなく、タイプにあてはめすぎても、狭い視野になり危険だということがあり、難しいところです。

　人は自分の都合のよい情報を選択し、自分のフィルターを通してしか聴かないのが心理です。自分が信じる、自分の受け入れた人の言葉しか聴かないことが多いです。そして、価値観の違いがあるからこそ、怒り・悲しみ等の感情が生まれます。園では、管理職、リーダー職員、中堅職員、新人職員によって伝え方などが一辺倒にならないように、相手に伝わるようにつど、変えていき、受け取りやすい言い方を心がけたり、性格のタイプによって伝え方などを変える工夫をしています。

　人は価値観が違うからこそ、相手を尊ぶためにも、まずは、その価値観を受け止めて、どうなりたいかを聴くことが大事だと思います。そして、そのどうなりたいかのためにはどうしていくかを一緒に考えていくことが信頼関係に大きくつながっていくと思います。

物事や人を多面的に見る力

　物事や人を一つのものさしで見ず、感情的にならず、肯定的に、相手の背景、生い立ち、将来性を見通すなど、さまざまな視点で、多面的に見ることがとても大事です。例えば、今厳しい言い方をするのは、「余裕がないのかな？」「この前にイライラすることがあったのかな？」「責任感が強いのかな？」「親に『〜べき』と言われ続けたのかな？」などさまざまな視点で見るだけで、こちらも冷静になれます。職員同士のみならず、子どもや保護者への対応でも大事になります。

信頼関係の築き方に思いをめぐらせる

　それでは、どうすれば職員との信頼関係を築けるのか。結論からいうと、相手に対して、好意的に心から信頼を寄せてからしか、相手は好意的にこちらを信頼しないという、写し鏡のような関係があります。自分より相手を先に振り向かせようとする人が多いように感じますが、こちらが思いを寄せて、信頼を勝ちとるしかないと思います。

　また、自分自身、どういった人を信頼し、尊敬するかを考えてみると、「自分に興味をもって話を聴いてくれる人」であり、「自分を信頼して任せてくれる人、肯定的に見てくれる人」であり、「自分の心に響く言葉や態度を見せてくれる人」などです。

　「立場に関係なく相手を敬い、信頼関係をつくること」。これは、職場はもちろん、子どもたちの保育にも通じます。保護者の前だけよいかっこうをしたり、保育補助の先生に対して正規職員と差をつけた対応をしたり、強い口調で命令して従わせようとしたり、管理職の先生には笑顔で素直なのに、子どもや下の役職の人には厳しかったりする人に、誰もついていきたいとは思わないですし、職員も子どもも保護者もよく見ています。仕事での役割の違いはあっても、人として敬うのは誰に対しても同じでいたいと思います。人は感情の起伏なく、一定に穏やかにいられることはないからこそ、常に自分に戒めをもっておかなければと思います。例えば、保育補助の先生に積極的に声をかけて話をしたり、優先的に対応したりすること、そして自分自身の話しやすい雰囲気づくりも大事だと思います。

そして、とても大事なこととして、「話を“伝える”より、“聴く”に徹する」ことです。これだけでも、相手の信頼感に大きな違いが出てくると思います。職員の言葉を否定的にとらえず、肯定的に受け止め、共感し、職員が認められたと心を開いてから、初めてこちらも私言葉で話をするなどの工夫が必要です。

職員が自由に発言できる雰囲気づくりのためには、ファシリテーションを学ぶことはとても有効だと思います。

また、職員に任せていく過程で、会議での発言や聴くこと、企画力などリーダーはリーダーなりに、新人は新人なりに、それぞれの成長に合わせていくことが大事です。

気をつけなければならないことに、学生時代やこれまでの職場のなかで、発言を求められた経験がない人には、はじめから求めすぎても難しいので、段階を踏むことも忘れずにしたいです。これには、コーチング研修が役に立ちます。否定から入るのではなく、やりたいことをまず一緒に考え、それをサポートするというスタンスが大事です。育成のなかで、園の願いと職員の思いが重なるところを大事に計画していくことを、まずは始めていくのはいかがでしょうか。

次に、職員側から考えていきたいと思います。園長先生や先輩方に、自分を理解してほしいと思っているのに、どうしてうまくいかないのでしょうか。賛同してもらうためにはどうすればよいのでしょうか。自分ではわからないという人も多いと思います。ポイントは、「園長先生や先輩側の立場になってものを考える」ことです。

まず、話を聴いてもらうために、信頼関係を築きます。そのためには、コミュニケーションをとりましょう。賛同してほしいときだけでなく、いつものかかわり・印象が大事です。

伝えるときは、まず自分の伝えたい思いを明確に結論から伝えることです。ポイントを絞って簡潔に具体的に伝えてください。その後に、経緯を説明するほうが、忙しい管理職に対しては、印象がよいです。

自分がうまく説明できないものとイメージできないものは、相手には普通伝わりにくいです。それでもわかってくれる人は、気持ちを汲んで

くれる特別な上司です。自分のプレゼン能力を磨くことも大事です。例えば、玩具の種類を増やしたいため買ってほしいものがある場合、値段を調べたり、下調べをしたり、具体案を考えたりすることは基本です。もちろん、却下されることもあると思いますが、自分なりの解決策を考えることで、相手に丸投げせずに、自分事として頑張っている印象を与えます。

　そして、クラス等周りとの話し合いから、クラスの意見として園長へ相談することが大事で、なるべくリーダー等を飛び越えないよう注意したいところです。もちろん、リーダー等が機能しない場合はその組織づくりから見直す必要がありますが、飛び越えることでクラス全体の意義として考えていく機能が失われ、組織が病気になりやすいです。

　職員側からお話ししましたが、これは、管理者側からも同じことがいえます。新しい管理者が園の改革を急ぐあまり、先にできていないことを指摘し、指導をしてしまい、職員の心が離れていくことがよくあります。その結果、改革が失敗してしまうことがあります。

　まずは、信頼関係を築いて、"わかってくれている"、"自分を認めてくれている"という安心感や信頼感から、改革を進めていくしか、職員自らが改革に力を注ぎ、支えてくれることはないと思いますし、管理者は注意していきたいところです。

改革をして変化したこと

　改革をして最も変化したと感じることは、相談や報告等の情報が職員から園長まで、よくあがってくるようになったことです。相談や確認などだけでなく、自分たちで話し合い、提案することが多くなりました。

　そして園長、主任の言葉が、職員全員に行きわたりやすくなったことも大きいです。双方の関係から、管理者側も信頼して任せることが多くなったように思います。

　例としては、年一回立場に関係なく職員全員から改善提案のアンケートをとるようになりましたが、職員全員ですので、毎年100項目以上があがってきます。クラスでよく話し合った提案や個人の提案もあります。それをリーダーや主任が自発的に自分たちで考え、個人で改善して

いくもの、クラスで改善していくもの、園全体で改善していくものに分け、書類として漏れがないようにまとめます。そして、園長や皆で考えたほうがよいと判断したものをリーダー以上が参加する会議で話し合います。その内容はとても前向きな提案で、よく考えられているため、こちらも了承すること、任せることが増えたように思います。最終的には、すべての結果を理由と併せて職員にフィードバックしています。自分の意見に対して答えが返ってくることも、信頼関係の構築につながっていると思います。

　今、リーダーを信頼しているか？　と問われると、自信をもって「信頼している」といえます。もちろん、能力を見極め、仕事を振り過ぎないことも大事ですが、少し背伸びするぐらいの難しい仕事は任せることも大事だということを実感しています。

　情報伝達は、毎日の昼礼で行い、職員会議は、問題に対して話し合う提案型会議に変更し、より皆で話し合っていく場ができました。

　また、リーダー層の話し合いが増え、リーダー層のやる気、モチベーション、余裕が出てきたことで、職員を思いやる気持ちが増えていったように思います。それによって、クラスが明るくなったように感じます。

　リーダー、サブリーダーを任命するときも、各リーダー全員で話し合い、多面的に考え、決めています。サブリーダーをつくったことや長期休みなどリーダーの特典を設けたことにより、次はリーダーだという自覚も徐々に芽生え始め、役職がいやだという人は少なくなりました。新しいリーダーやサブリーダーを育成するやりがいも育ってきたように感じます。

　そして、職員同士は、価値観が違

うことを前提に、どう話し合ってすり合わせるかを大事にしています。それにより、どうしてわかってくれないのという驕りが少なくなったように思います。また、カウンセリングやファシリテーションを学ぶ機会を設けたことで、相手の言葉を傾聴し、気持ちを引き出すなど会議のなかでも発揮してくれています。当園では、相手を尊びながら、自分の意見も伝えること、そういったコミュニケーションづくりを心がけています。

　また、ノンコンタクトタイムの実態把握のためにアンケートを実施し、能力や経験に応じた書類を書く時間（公平性）や職員自身の計画的な有給休暇取得などが増え、働き方も変わってきています。

　そして、何よりも変わったところは、職員の笑顔や雰囲気です。相手を思いやれる余裕が出てきて、コミュニケーションもあちらこちらで少しの時間でも話そうと努力している姿があります。そして、その様子が楽しそうだということがうれしいです。

　今お伝えしたことのなかには、まだまだほんの少しの変化だったり、またもとに戻ったり等があるのも事実ですが、等身大の自分で職員と日々悩み、話し合い、解決へと進んでいきたいと思います。

　まだまだ未熟な自分ですが、これからも、これでいいということはないと思いますので、人材育成に力を入れていきたいと思います。

　いろいろな場面で、職員がこうしてくれない、あれをしてくれないということを聴きます。管理職としては、困り事であり、そのとおりだとも思います。しかし、相手をコントロールするのは難しいです。

　では、どうすればよいか。私の成功体験として、相手ではなく"私"が相手を積極的に理解し、歩み寄り変わっていくことで周りも変わっていったということがありました。誰がやるのか？　それは、誰かが魔法をかけてくれることはなく、園を変えていくのは、これを読んでいる保育者だと思っております。

（曽木書代）

第 **4** 章

人が学び合い、成長する組織になる

感情をもつ複雑な資源としての「ヒト」。「ヒト」と「ヒト」とのつながりのなかで、人材育成や職員の関係性の構築、学び合う風土づくりが実現します。そしてこの多様な関係性のなかで、保育の質は生み出されます。一人ひとりの職員の気づきや発信が、ほかの職員の学びにつながるように、そのプロセスが生まれるマネジメントのポイントについて、考えてみましょう。

組織における「ヒト」という資源

組織における「ヒト」の意味

　組織の存在意義は、理念に掲げられた「組織目的」を達成するためです。組織が生み出すパフォーマンスが、より高水準のものとなるよう、改善、努力し、組織は存続しています。組織は、このパフォーマンスを生み出すための資源として、いわゆる「ヒト・モノ・カネ」を活用します。そのなかでも注目されているのが「ヒト」、つまり職員の存在です。

　経営学のなかでは、「ヒト」という資源は、扱いにくいものとして表現されています。マネジメントの悩みの多くに、職員に関連する話題が多いのも、そのためです。例えば、「ヒト」には、感情や体調の変化、「ヒト」同士が与える影響など、不安定な要素を多く含んでいます。さらにこれらは、管理職がコントロールしにくいという特性があるのです。

働き続けたい職場づくり

　マネジメントの中心的な話題に、離職率を低く保つことがあります。「ヒト」の入れ替わりは、組織に何かしらのダメージを与えます。

　職員の育成には、かなりの時間とエネルギーを投資しています。しかし一度「ヒト」が辞めてしまったら、それらの投資は、組織としては「ゼロ」になってしまいます。また「ヒト」は組織の文化をつなぎます。離職率が高くなるほどに、文化は薄まり、組織風土が不安定になります。せっかく園内で保育観や文化が醸成されていっても、「ヒト」が変わることに

図　組織における3つの資源

ヒト	人的資源：職員・労働力
モノ	物的資源：原材料・設備
カネ	財務的資源：運営費・補助金

よって、継承が難しくなるからです。

　「ヒト」には、仕事以外の生活というバックグラウンドがあり、その影響も含めて、"ある日突然辞めてしまう"ということも起こり得ます。「モノ」や「カネ」とは異なる「ヒト」特有の予測不能な資源として、管理職の目の前に立ち現れているのです。

魅力ある「ヒト」という資源の可能性

　一方で「ヒト」は、あるきっかけによって、やる気に満ち、学び始め、職員同士によい影響を与え、すばらしい力を発揮する可能性も秘めています。人材育成が長い間、保育の質の議論で注目され続けてきたのは、実践のなかで子どもの可能性や実践のすばらしさにふれ、成長し、成長した保育者同士が影響を与え合うことで、よりよい保育が展開される事実があるからです。

　「ヒト」が現に備えている"力量"だけに頼るのではなく、その可能性を信じ、働きかけることが人材育成の意義ともいえます。「ヒト」が感情を安定させ、コンディションよく働くために、職場の人間関係や環境整備が不可欠です。他者との出会いによって、自らが育つモデルを描くことができ、自身の悩みや課題を語り合える他者の存在も大きなきっかけをもたらします。

　一人の「ヒト」という資源は、組織にとってとても不安定です。しかし、「ヒト」と「ヒト」は相互に影響し合い、飛躍的にその可能性を伸長し合うことのできる存在でもあります。この不安定で魅力ある資源を、どのようにマネジメントし、活かしていくのか。ここに管理職の手腕が問われるのです。

POINT
- 「ヒト」は最も扱いにくい経営資源である
- 「ヒト」は無限の可能性を秘めた魅力ある資源である
- 「ヒト」と「ヒト」の相互作用をマネジメントする

2 複雑・難解な保育者の専門性と育成の課題

将来の可能性を含んだ「ヒト」の育ちを扱う難しさ

　AI の可能性が取りざたされている昨今ですが、まだまだ「ヒト」の力が必要とされる業務は多いです。保育という分野は、「子ども（ヒト）」という複雑な対象、さらには「育ち」という未来につながる可能性に働きかける営みとして、「ヒト」の存在なくしては語ることはできません。生涯にわたる人格形成の基礎を育む乳幼児期の教育は、さらに奥深く、長い時間軸のなかで人生に影響をもたらします。物事に対する感性、知的好奇心、他者や社会に対する信頼、困難に出会ったときの耐性や向き合い方など、その後の人生のあらゆる場面でその影響が表れます。

　保育者がその目で見届けることができない、将来の可能性も含んだ「ヒト」の育ちを扱うというこの仕事の特性が、専門性や人材育成の難しさの本質ともいえます。

保育者自身の「経験」や「価値観」が影響する専門性のイメージ

　「モノ」を生産する業務においては、その作業の専門的指揮や技能が求められます。「ヒト」とかかわるサービス業においては、幾分複雑になるものの、マニュアルの存在やプロとしての接客技能を身につけることで、成り立ちます。しかし保育では、業務のスキルや倫理を超えて、保育者自身が「どう育ってきたのか」という人生経験を総動員して、子どもとかかわることになります。

　自らが出会い、育ててもらった人の存在なくして、私たちは「育てる」ことをイメージすることができません。その育ちを経て、今、自身がそこにあるとしたら、自身の根幹をつくり出す「教育観」や「人間観」というコアな部分を揺さぶられながら仕事をすることになります。

高度化・多様化する保育者の役割と育成の難しさ

専門職者としての保育者に求められている役割は、幼稚園教育要領、保育所保育指針、幼保連携型認定こども園教育・保育要領で示されているとおり、一人ひとりの子ども理解に基づく応答的なかかわり、主体的な活動を保障するための計画的な環境構成、子ども同士の関係が形成され発展していくための援助、保護者の支援など多方面にわたります。

社会における保育現場の意義や機能が次第に広がり、重要性を増すなかで、保育者の役割に対する期待も高まる一方です。この期待に応えられる保育者の専門性、その専門性を備えた職員を育成する組織の課題、採用段階で専門性を問うことが難しくなった人材不足の現状とともに、幼児教育・保育の本質そのものが保育者を育成する難しさの理由となっています。

組織を活用した人材育成の可能性

組織における人材育成は、求められた業務や役割を全うするために必要な知識や技能、能力が備わるように働きかけ、学びや経験の機会を提供し、教育することです。

ますます高度化、多様化する保育者の専門性を、どのように高めていくのか。一人ひとり異なる特性や保育観、そして感情をもった資源としての職員が、組織のなかでどのような成長を描くのか。幾重にも重なる複雑かつ未知数だらけの人材育成に、個別指導的に、管理職が一人で向き合い、達成することは不可能です。組織という舞台を活用して、多様なアプローチや「ヒト」との相互作用を駆使して、取り組み続けなければなりません。

POINT

● 「ヒト」という最も複雑なものを対象にした保育の特性がある

● 社会の変化に伴い、高度化・多様化する保育者の専門性を理解する

● 保育者の経験がつくる「観念」を通して発揮される専門性を理解する

3 リフレクションがもたらす 保育者の成長

保育の「振り返り」が専門性を高める

　私は保育学・教育学に加え、成人教育学という領域を研究の基盤として保育者の人材育成を考えてきました。大学院の博士課程では研究室の仲間とともに、成人教育学の重要なテーマである専門職者の成長や学びについて、その理論を打ち立てたドナルド・ショーンの名著『The Reflective Practitioner』を取り上げました。この著書では、専門職者の成長に対するリフレクション（省察）という行為の重要性が説明されています。概要は「技術や理論をインプットすることが専門職者の学びの本質ではない。実践の場面でそれらを活用し、行った行為が『どうであったのか』を分析。理論や予測していた結果との"ずれ"を自ら振り返り、よりよい実践のために『どうすればよかったのか』を考えること。この『振り返る』という自己分析や修正作業、そこからの気づきこそが専門職者の学びの本質だ」とされています。さまざまな業界や職種で、このリフレクションという行為の重要性が注目され、研修に盛り込まれることが増えてきました。

保育現場におけるリフレクションの実態

　保育現場は、この「振り返る」という行為が保育の営みの一部として盛り込まれていることが、ほかの業界との大きな違いの一つともいえます。子ども理解や保育計画、指導計画という保育の本質的行為のなかに、必ず記録という省察的な営みが必然とされてきたからです。

　養成校学生の実習の場面でも、実習日誌を書くという作業を通して、その日に経験した保育の様子や子どもの姿、実習生としての気づきを整理します。保育者になる前の養成段階から、書くことを通して、保育を「振り返る」ことの経験を蓄積しているのです。

　保育現場では、保育者が子どもの姿を記録し、保育の様子を語り合う

ことを通して、日常的に保育を「振り返る」ことに取り組んでいます。よりよい保育をつくるための行為は、同時に保育者の専門性を向上させる本質的な行為としても機能しているのです。

何を振り返るのか —— コア・リフレクション

オランダの教育学者、コルトハーヘンは、リフレクションにも段階があり、表に現れる行動を変容させるためには、そのさらに内部、核心の部分、つまり「アイデンティティ」や「ミッション」といったことに対する自己の認識を自覚することが必要だとしています。

図　**コア・リフレクション "オニオンモデル"**

出典：Korthagen, Fred A. J. (2004), In search of the essence of a good teacher: Towards a more holistic approach in teacher education, *Teaching and Teacher Education*, 20(1), pp.77~97. をもとに著者作成

保育者の専門性は、単に「作業や行為としてのかかわり」にとどまることができません。その深部にある、保育者として子どもとどう向き合い、何を願い、どう伝えていくのか。「ヒト」としての「コア」な部分と向き合い、対峙することで、子どもへの働きかけや保育実践の様相に変化が生じます。しかしこれは、そうたやすいことではありません。自身がもつフィルターが、「コア」に近づくことにブレーキをかけることがあるからです。他者との語り合い、つまり対話を通じたリフレクションは、「コア」に近づくきっかけを与えてくれます。

POINT
- 理論や知識に基づく実践の「ずれ」を振り返る
- 日常的に行う「振り返り」は保育者の成長の機会となる
- 対話が専門性の深部にある「コア」を振り返る可能性を生み出す

4 行為のなかの振り返りが もたらすプロの根拠

保育者の専門性とは

　保育者は、養成教育のなかで学んだ子どもについての基礎知識や保育の基礎理論、子どもとかかわるなかで培った自分なりの保育方法や一連の技術を、日々の保育のなかで活かしながら仕事をしています。しかし、保育者が専門職者である理由は、単にこのような専門的な知識や技術を活用することだけではありません。子ども、すなわち一人の「ヒト」という、ほかには一つも同じものがない対象を扱うところに、保育者が専門家である大きな意味があります。「ヒト」は当然、一人ひとりに個性があり、反応はさまざまです。日常的な生活も同様です。「ヒト」が生きるという営みは同じようであって、全く同じ一日はありません。

保育のなかで振り返り、最善を考える

　ドナルド・ショーンは著書『The Reflective Practitioner』で、「振り返る」行為にもいくつかの段階があることを示しています。「専門家は予期せぬ出来事に出くわした際、その場を切り抜けるために瞬時に自らの知識や経験から得た情報を総動員する『行為のなかの振り返り（reflection in action）』を行う」としているのです。

　保育の本質である一人ひとりの子どもとのかかわりは、常に未知との遭遇です。計画に基づく保育実践をベースにしながら、その日の天候や生活の流れ、子どもの反応に応じて「何がベストなのか」を判断し、修正して保育を展開することは、「行為のなかの振り返り」がなければ成立しません。ここに「単なる業務としての保育」と「専門職者が行う保育」の違いが表れます。保育の最中にも「振り返り」ができるためには、決められたことを単に業務として行うことを超える必要があります。

「二つの思考」がもたらすプロの構え

アレルギーや災害時の対応など、手順に従って行うことでリスクを軽減させ、最低限の質を保障することができるメリットを考え、保育業務のなかでもマニュアル化されているものが増えてきました。しかし、保育の本質は、「一回性」といわれる目の前の子どものかけがえのない一日、瞬間に、プロとしてどう最善にかかわるのかが問われています。その瞬間の子どもの姿に応答的にかかわりながら、時間が経ったのち、その働きかけが子どもの育ちにどのような意味があったのかを考える必要があります。瞬間的な思考と長期的な思考。二つの思考をもつ保育者の資質が重要です。

業務の効率化と振り返りの機会の保障

最近はICT化が進み、さまざまな記録や計画の手法が開発され、保育者の業務改善という視点で時代が大きく変わっています。保育者のメンタルヘルスや働き方の改善のために、ICTを積極的に導入することは悪いことではありませんが、ICT

化が進むことで、従来行ってきた保育の営みの一部を保育者が経験しないことになり、専門性を向上する機会が奪われる可能性もあります。

よりよい保育の質を実現するために欠かすことのできない、保育者の成長の機会をどのように保障するのかが、あらためて問われています。

POINT

- 「行為のなかの振り返り」を通して保育が実現する
- 瞬間的な振り返りと長期的な振り返りを行う
- 業務に埋め込まれた振り返りの機会を保障する

5 学び合う風土をもった 組織が強いわけ

アイデアを否定されず提案し合える環境へ

　保育者を対象とする講演会や研修会で話をする際、あまり意欲的に参加していない方に出会うことがあります。休憩時間などにさりげなく声をかけたり、ディスカッションに入ってみたりするなかで聞こえてくるのは、「とてもいい話だと思いますが、どうせ、うちの園ではさせてもらえません」という悲痛な声です。

　組織の質を決定する要素の一つに「学び合う風土」があります。複数の保育者でクラス運営をする、担任をもたないフリーの保育者、非常勤の保育者、看護師、栄養士など多様な専門職者と協働して現場をつくるという今の現場の実態では、よりよくするための意見やアイデアを受け入れ合う風土がなければ、誰かの気づきや学びを活かせないままに終わってしまいます。

よりよいものを生み出す組織の条件

　組織が生み出すパフォーマンスの向上には、「今よりももう少しよくなるために」という職員の意識が必要です。その意識が発信され、職場で了解され、実現させてもらえる環境がなければ、パフォーマンスとして、現れてこないのです。

　「やってみたいことを自由に提案できる」ためには、自分の発信が組織に受け入れられるという信頼感があることです。「発言しても大丈夫」という安心感がなければ、「提案する」という行動は起こせません。新たなものを提案することは「何かを変える」きっかけをつくります。「変える」にはエネルギーが必要です。個人や組織に負荷がかかったとしても、「よりよいもの」のためにエネルギーを注ごうとするモチベーションや行動を組織が評価して初めて、「よりよいものをつくる」という現場の意欲が現れ、実現に向かいます。

「学びのモチベーション」は組織を支える原動力

研修で「学びたい」という意欲は、学んだことを活かすことができるからこそ出てきます。「学んだことを現場で活かせる」という実感や見通し、実現の可能性を感じられない職場であることに、組織の質の問題を感じま

す。卒業生が時折、母校の養成校を訪れ、転職の相談に来ることがあります。卒業時には、あれほど志もモチベーションも高く、「一生この仕事がしたい」と言っていた学生が、就職園や現場に絶望している理由の多くも、「やってみたいことが許されない」という環境です。「学び合う風土」が醸成されない組織では、よりよいものを目指すモチベーション高き職員が離職する傾向があるということです。そのような組織のマネジメントがどれだけ大変なのか、想像してみてください。

提案したアイデアが受け入れられ、現場が変わっていくことは、組織に参画している実感を生みます。職場の環境をつくる一員であるという実感が組織への帰属意識をもたらし、職場への愛着を育てるのです。

園にいるすべての職員がそれぞれの目線で「よりよい保育のために何ができるか」というアイデアをもつことと、否定されることなくアイデアを提案し合えること。職員のアイデアを尊重できる管理職やリーダーの構えが、その環境をつくり出します。

POINT

- 誰もが発信できる「気づき」を了解できる組織になろう
- 「発信しよう」と思える組織づくりを目指そう
- アイデアの発信と現場への貢献は帰属意識を生み出す

保育観や文化を継承する組織風土

離職率の高い保育業界の現実

　どんな社会環境でも変わらずに生活を支える重要な「エッセンシャルワーカー」として、あらためて保育者が注目されています。子どもは社会を形成し、発展するために必要不可欠な存在であり、その安全と健康、教育に関係する仕事は、社会の根幹を支える重要な役割だからです。

　保育者の慢性的な人材不足は、しばらく続くことが予想されています。厚生労働省は働きやすい職場環境や業務改善など、働き続けたいと思える魅力的な保育現場の整備を急ピッチで進めています。

　人材確保の意味でも「退職者ゼロ」を目指すことは当然です。しかし、女性が多く活躍する仕事であり、結婚、出産、育児、介護などの影響を受けやすいです。永遠に退職者がいない組織はあり得ませんので、管理職はどんな状況でも「退職」への対応を想定しておく必要があります。

「ヒト」の入れ替わりを想定した保育を継承する文化の醸成

　組織をマネジメントしていくうえで、「ヒト」の入れ替わりを避けることはできません。組織のなかで育ち、力を発揮してくれる職員が辞めてしまった場合、単に、人員を補充し、数を満たすだけでは不十分です。職員の業績や取り組みが「ゼロ」にならず、組織の財産として残る工夫をすることで、「組織の質」を保つことができます。そのために「引き継ぎ」は行われます。保育という営みは、単なる作業や技術、形に残る商品などの業績とは質が異なります。子どもや保育実践の情報を「引き継ぐ」だけでは「保育」が残るとはいえません。

　保育者の専門性は、一人ひとりの「ヒト」に密接に関係しています。「属人的な専門性」と表現できるかもしれません。その「ヒト」が展開してきた保育を引き継ぐには、単なる情報として伝えるだけでなく、一緒に保育をするなかで継承することが必要です。これはとても難しいこと

ですが、ある園長先
生から「辞めること
になった職員には
『今までやってきた
保育のエッセンス
を、後継者を決めて
意図的に伝えてほし
い』と伝え、それを
最後の仕事として頼
んでいる」と聞いた

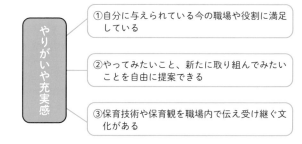

図　「やりがいや充実感」に影響を与える組織の要因

やりがいや充実感

①自分に与えられている今の職場や役割に満足している

②やってみたいこと、新たに取り組んでみたいことを自由に提案できる

③保育技術や保育観を職場内で伝え受け継ぐ文化がある

出典：井上眞理子（研究代表）（2019）「平成31年3月 保育所におけるキャリアアップと人材育成に関する調査」

ことがあります。実はこの「継承する」という文化は、実際に、筆者が実施した全国調査の結果から、単に組織に影響を与えるだけでなく、保育者のやりがいや充実感といったモチベーションにも大きな影響を与える要因の一つであることもわかっています。

長期的な視点で組織に貢献する手応え

　自分の取り組んでいる保育が、同僚や後輩、そして園の将来に好影響を与える。もちろん、保育をしているその瞬間にやりがいや充実感を感じることは大切です。しかし、それだけでは、「ヒト」はモチベーションを維持できません。同僚やその後に続く後輩に伝わっていくことで、自分の存在意義、組織に貢献している手応えを感じます。組織は、一人で達成できない目的を複数の人で共同して達成することに意味があります。今の自分にとどまらず、自分の存在によって、組織のビジョン達成や発展に貢献している実感を職員が得られるための仕組みづくり、関係性の構築のための手立てを考えることは、管理職の役割なのです。

POINT

● 「ヒト」の入れ替わりを想定して財産を引き継ぐ文化をつくる

● 保育者が「やりがい・充実感」を感じ、伝えることで他者への貢献が実現できる

● 持続可能な組織になるためのマネジメントの意識をもつ

7 園内における学びの場づくりと帰属意識

誰もがかけがえのない重要な組織の「一人」

　新卒、転職、人事異動など、いろいろな理由で新しいメンバーが組織に加わり、新体制でスタートする春。多くの園では、全職員が一堂に会しての研修や会議を設けているのではないでしょうか。

　新しいメンバーに伝えたいこと、組織全体で共有しておきたいことは、数多くあるかもしれません。しかし、この時期、新しいメンバーに感じてほしいことは「組織の一員としての私」という認識です。職歴、勤務歴、立場は違いますが、組織の大切な一人のメンバーという存在であることは全員が同じです。

語り合う場が職員の不平等を生む?

　保育カンファレンスの研究では、①本音で語ること、②特定の人の意見に集約されないこと、③愚痴で終わらず生産性のある議論に発展させること、が重要だと指摘されています。

　職員会議や園内研修など、保育現場には、多くの「語り合う場」が設定されています。「語る」行為は、「ヒト」の特性が顕著に現れます。自信に満ち、話すことが得意で、職位や立場が上の人ほど、話をする時間は長くなる傾向にあるでしょう。保育現場では、新人や若手、非常勤等の先生方は、遠慮がちで、発言が少なく、語る時間も短いことが多いです。しかしこれでは、「特定の人の意見に集約される」組織になってしまいます。思いを自由に語り合う時間は必要です。しかしときには、意図的に、「時間を決めて、特定のテーマについて、それぞれの意見を発表し合う」という機会を設けることもお勧めします。

本音で平等に語り合う環境が生み出す組織への帰属意識

以下は、研修会で筆者が冒頭に取り上げるワークの方法です。与えられたテーマに対して、まずは「自分の思考」を整理する時間を設け、キーワードを書き出します。そして、「1人3分」などの時間

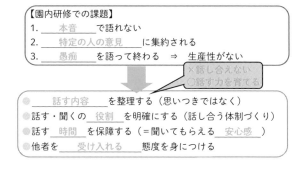

図　協働的な学びを可能にする職場の環境

【園内研修での課題】
1.　＿＿本音＿＿　で語れない
2.　＿特定の人の意見＿　に集約される
3.　＿＿愚痴＿＿　を語って終わる　⇒　生産性がない

×話し合えない
○話す力を育てる

● ＿＿話す内容＿＿を整理する（思いつきではなく）
● 話す・聞くの＿役割＿を明確にする（話し合う体制づくり）
● 話す＿時間＿を保障する（＝聞いてもらえる＿安心感＿）
● 他者を＿＿受け入れる＿＿態度を身につける

を設定して、話をします。時間が足りなければ、聞き手が質問したり、時間が不足したら、いったん話は中断します。

これは、立場や年齢、経験に影響されずに、同等な立場で学びの場に参加できるように、「時間」という物理的な要素を活用した、発言の平等性を経験するワークです。

「発言」は、組織における自己の存在意義を実感する瞬間でもあります。

こうした認識をもつためには、平等に発言する機会を提供することが必要です。これは一人の存在価値を平等に扱ううえで、とても有効な方法です。こうした機会を設けることで、「全職員が組織にとってかけがえのない存在であること」が共有でき、新しいメンバーは「組織に迎え入れられ、存在を尊重されている」という実感をもてることから、職場に対する安心感につながります。それが原動力となって、組織への帰属意識、貢献する気持ちが育ってくるのです。

POINT
● 誰もが発言できる環境を保障する
● 発言の偏りや不平等感が生まれない工夫をする
● 語り合える環境をつくることもマネジメントの一つである

園内の発言の交流を 生み出す SNS の可能性

直接的「語り」を超えた発信の可能性

　保育現場の ICT 化が進んでいます。厚生労働省が作成した「保育分野の業務負担軽減・業務の再構築のためのガイドライン」(2021 (令和 3) 年3 月) では、保育者の負担感の大きい記録業務を中心に、アプリ等を活用した方法も紹介されています。ある幼稚園では、保育記録をホームページに掲載し、保育の様子を発信していました。保護者や地域の関係者にもその様子を共有したいと思っていたからです。しかし、管理職は次第に、保育記録を「掲載するのに十分な内容か」という視点で確認し、不足があれば加筆修正をするようになりました。保育者が作成した記録を一方的に「評価」する関係になってしまっていたのです。

アプリを活用した保育の発信

　ある園では、情報共有ツールとして「Slack」というコミュニケーションアプリを活用することをきっかけに、「伝えたいと思ったときに保育を発信する」方法に切り替えていきました。発信された内容は、登録メンバーが誰でも閲覧することができます。新人保育者の新鮮な気づきやとらえ方は、管理職から見てもほほえましく、ときに「こんなことも感じ取れているんだ」と頼もしくも感じられたそうです。発信に対しては、管理職が必ず何かしらのフィードバックをするルールを設けたのですが、以前の保育記録の際のフィードバックに比べ、「共感的」にフィードバックすることが増えた、と言います。「善し悪し」で内容をとらえるのではなく、率直な気づきに対して「そんなふうに感じたのだ」と、管理職も構えず肯定的にフィードバックを行っている点が大きな違いなのでしょう。

保育者の主観を尊重し、受容する

　保育の質の向上のためには、保育者が保育を「語る」こと、つまり「対話」が必要です。「語る」ためには、保育を振り返り、子どもの姿や自らのかかわりの手応えに対し、「どう感じたか」を自覚化すること、そしてこの「どう感じたか」は、保育者の主観です。まずは保育者の主観を尊重し、互いの主観を交流させることで、学びが生まれます。

　管理職や同僚からの肯定的なフィードバックは、保育者の「伝えたい」気持ちを後押しします。園内で保育を語り合う風土をつくるためには、まずは、保育者が保育のなかで心が動き、「伝えたい」と思うことから始まります。新人・若手職員のフレッシュな手応えから、学ぶことも多いです。

多様なデバイスを活用した園内コミュニケーション

　ICTの活用には、PCやタブレットが主流かもしれません。しかし、保育実践のなかでの気づきやその瞬間に発信したいことをタイムリーに伝えるためには、スマートフォンを上手に利用する園の取り組みもあります。

　保育者の業務負担軽減のためにも、保育者の気づきが園内で共有されるためにも、ICTの活用は園の実態に応じて、今後、ますます議論されることが必要になります。

POINT

- ● SNSには保育者の心が動いた瞬間の保育を発信できるメリットがある
- ● 発信を通じて、職員の相互理解につながる
- ● 多様なICTデバイスを活用してコミュニケーションを図る

安心できる環境が学びに向かう構えを保障する

実習生を受け入れる雰囲気の重要性

　保育現場での実習経験は実習生にとって、その後の保育者としての「核」に強烈なインパクトを与えます。どのような現場で、どんな経験をして保育者という職業のイメージを形成するかは、その後のキャリアに大きな影響をもたらします。

　現場が変われば、実習の姿もさまざまです。実習後、実習生たちは、それぞれの経験をいきいきとした言葉で語ってくれます。

受け入れられているという実感を実習生が抱けるために

　ある公立保育園における実習での取り組みです。園長先生は「まずは実習生が『現場から受け入れてもらっている』という安心感をもって、伸び伸びと保育を感じ、保育士という仕事の魅力を実感してほしい」という思いを大切にされていました。どんな実習生でも、初めての実習では緊張や不安を抱いています。未知の環境を前に実習生は「どんな現場だろう」「どんな先生がいるのだろう」と、探りながら実習園に入っていきます。

　現場の忙しさは、当然、実習生もわかっています。それでも「あなた、誰？」という状態では「実習に来てよかったのだろうか」と、いること自体の申し訳なさ、所在なさを感じてしまう実習生もいます。

身近なことから取り組む園全体で受け入れる体制づくり

　この園長先生が実践したのは「あなたを待っていたよ」という歓迎の雰囲気や態度で保育者全員が受け入れること、全職員が実習生に関心をもって自分からちょっとした声かけをすること、配属クラス以外の保育者も毎日「おはよう」「頑張ってね」と声をかけることです。少しの心がけですが、効果は絶大でした。

幼稚園志望で保育園実習にあまり積極的な気持ちになれず、実習前に一抹の不安を感じていた実習生。この保育園での実習後の振り返りのなかで「オリエンテーションのときから、先生方全員が私を受け入れてくれている感じがして、緊張が和らぎ、実習に集中できた」と話してくれました。

心理的安全性と学習の関係

> 【心理的安全性に関する意識調査】
> 1.　このチームでミスをしたら、決まってとがめられる
> 2.　このチームでは、メンバーが困難や難題を提起することができる
> 3.　このチームの人々は、ほかと違っていることを認めない
> 4.　このチームでは、安心してリスクをとることができる
> 5.　このチームのメンバーには支援を求めにくい
> 6.　このチームには、私の努力を踏みにじるような行動を故意にする人はいない
> 7.　このチームのメンバーと仕事をするときには、私ならではのスキルと能力が高く評価され、活用されている

　エイミー・C・エドモンドソン著『恐れのない組織——「心理的安全性」が学習・イノベーション・成長をもたらす』(英治出版)では「学習や成長をもたらす『心理的安全性』」という概念が紹介されていますが、実習生が必要以上の不安を感じることなく実習することは、学習の環境として重要なのです。これは実習生のみならず、新人や若手の保育者が育つうえでも同様のことがいえるでしょう。

POINT
● 現場から受け入れられている実感が実習生の学びを支える
● 園全体で実習生を受け入れる認識をもつ
● 心理的安全性は学びの基盤となる

10 学び手の立場に立った指導を考える

実習生に「よかれ」と思って指導する現場の熱量

　実習の間、実習生は慣れない環境のなか、さまざまなアンテナを張って生活することになります。つかみ切れない子どもとの距離感、想定外の反応を見せる子どもへのかかわり方を通してそれまで抱いていた子どものイメージが、大きく変わることもあるでしょう。

　保育者の子どもへの働きかけをとらえ、自分なりに試してみる。忙しさを極める現場で保育者に質問するタイミングを図ることすら、実習生にとっては緊張の連続です。

「本当に経験してほしいこと」は何か

　実習は、おおむね2週間から4週間といった限られた期間で行われます。実習園は、保育者として実習生を育てようという思いから、「これも経験させてあげたい」「これはできるようにさせたい」と、指導に熱が入ります。大変ありがたいことです。

　ある公立保育園の園長先生も「これまでは『あれも、これも』と思っていたかもしれない」と振り返ります。しかし、「学び手の実習生」から見える実習体験を想像したとき、それはときに逆効果ではないかと気づいたのです。限られた時間だからこそ、あれもこれもと欲張らずに、重要な内容を厳選し、学びの質を保障することが大切なのだと。

　これまでは、保育者の業務を経験する目的で、清掃や感染症対策などの具体的な対応を経験することも実習内容に盛り込んでいました。しかし、これらの業務は就職してから現場で経験を積めば、いくらでも対応

できます。あれもこれもと求められることで、実習生は負担過多となり、結果、大事な学びに集中できなくなる可能性があります。

　実習だからこそ、経験してほしいことは、保育者としての醍醐味、つまり、心ゆくまで子どもとかかわり、その面白さや奥深さを実感してもらうこと。できるだけ、子どもとのかかわりの時間を多く保障したいと考えました。

　また、せっかくとらえた子どもの姿や感じたことを、記録に残してもらいたい。保育経験の少ない実習生にとって、要領よく記録をまとめることは難しいです。できるだけタイムリーに記録し、整理するために、実習時間にその機会を設けることを大切にしました。

　結果として、清掃等の業務よりも、子どもとかかわり、落ち着いて記録する時間を確保するほうが、優先順位が高いと判断したのです。

受け取る側の立場に立って指導のボールを投げる

　実習日誌の指導では、気づいたことをできるだけ多く、アドバイスとして「赤字」で添削していました。返却前のたくさん付箋がついた日誌を目にしたとき、園長先生は「これではプレッシャーを与えるだけ」「それだけたくさんの指摘を一気に実習生が受け止めることができるのだろうか」と疑問を感じました。そこで、指導者に、「重要な 10 項目に絞ってほしい」と伝え、方針を変更しました。重要なのは「伝える側が『何が大事なのか』『どの程度が適切な量なのか』を考えること」「受け止められるよう、投げるペースを考慮すること」です。

　これは実習生の指導だけではなく、園内の人材育成、特に新人職員の育成でも同じではないでしょうか。「学ぶ主体」としての実習生や新人職員側に立ったとき、伝える側が適切な指導のあり方を常に考えなければいけないのです。

POINT
- 指導者側の問題として「育てたい」気持ちが強すぎる
- 伝えたいことの優先順位を意識する
- 学び手にとってのキャパシティーを考える

11 保育をとらえる「目」を養うために

実習日誌の書式見直し――ドキュメンテーション型へ

　実習生が取り組む実習日誌。そのあり方についての議論が活発になっています。これまでは、いわゆる「時系列」と呼ばれる生活の流れに沿った記録が実習日誌の主流でした。計画に基づく実践の考え方からは、当然の記録方法なのだと思います。しかし、現在は「子ども主体」の保育、子どもの興味・関心をタイムリーにとらえ、より柔軟に保育を展開することが必要となっています。同時に、計画や記録のあり方も見直されています。

ドキュメンテーション型の実習日誌

　ある実習園の園長先生から、「実習日誌の書式を変えてもいいですか」という相談を受けました。信頼している園長先生です。「よりよい実習日誌のあり方を模索したい」とのことで、私としては現場と養成校が協働して新しい取り組みに挑戦する貴重な機会だと思いました。

　具体的には、実習開始直後の数日は従来どおりの「時系列」の日誌で作成し、その後は子どもの姿や保育のさまを写真に撮ってエピソードとして記録する、いわゆる「ドキュメンテーション型」の日誌へと変更しました。

　昨今では、日々の保育記録をドキュメンテーション型に移行する園が増えています。それに伴い、実習日誌の形式にも取り入れる園が増えています。写真を活用した記録のメリットは、視覚的な情報を写真に盛り込めるため、文章で記載するよりも詳細でリアルな内容を表現できることです。

写真の活用に戸惑う実習生

　ドキュメンテーション型の実習日誌では、写真も当然、実習生が撮影

することが一般的です。しかし、目の前の子どもとかかわることに精いっぱいな実習生にとって、特に初めての実習では、実習生への負担が大きいかもしれないと危惧した園長先生から、「写真は保

育者が撮影し、その場面を日誌の中で振り返る方法はどうだろうか」との相談を受けました。

保育者がとらえる保育の瞬間を写真で伝える

　保育のなかでの実習生の動きや子どもとのかかわりのなかで、保育者が保育的な意味を見出した瞬間を写真に収める。実習生が見過ごしてしまうような、ちょっとした子どもの姿、保育のなかで大切にしたいポイントなど、プロの保育士だからこそ注目できる瞬間に、保育の学びがあると考えたのです。その場面を実習生と保育者で語りながら記録にすることで、保育を見る視点を伝えることができ、保育をとらえる「目」が養われます。

　もちろん実習生も経験を積んでいけば、自らが気づいたこと、保育者と語り合いたい場面を写真に収めることもできるようになります。写真を活用することが目的ではなく、子どもや保育の大事な瞬間に気づくことができる目を養うことが目的であり、そこにつながる方法を、実習生の経験や育ちの段階に応じて取捨選択することも必要です。

POINT

● 時系列型の日誌からドキュメンテーション型の日誌へ変えていく

● 「写真を撮る」ことが目的ではない

● まずは保育をとらえる「目」を養う目的を達成する

12 ポジティブな思考が子ども の「よさ」を発見できる

実習生の事例と考察から感じていた違和感

　実習が終わり、実習生が作成した実習日誌を読んでいて、気になっていたことがあります。いわゆるエピソード記録と呼ばれる「事例と考察」の部分で、実習生が取り上げる事例が、子どもの肯定的な姿よりも「いざこざ」や「気になる子ども」に関することが多いことです。

　実習から戻ってきた実習生に直接話を聞くと、子どもとのほほえましいやりとりや、成長を感じさせるきらきらした保育実践をうれしそうに話してくれるのですが、実習日誌に残された事例は、どこか後ろ向きな記録が多いのです。おそらく、事例から「考察しなければ」という意識が働き、考察しやすい事例を、逆算的に選び取ってしまうのではないかと推測しています。

「連絡帳型実習日誌」の可能性

　ある実習園の園長先生が、多様な実習日誌のあり方に挑戦したいと申し出てくださいました。その一つが「連絡帳型」の日誌です。実習生がその日の保育を振り返り、印象に残った子ども2人について、連絡帳を想定して、つまり、「保護者に向けて伝える」という視点で記録するというものです。

　園長先生の思惑としては、堅苦しくなく、また保護者に伝える意識をもつことで、言葉を吟味し、その子のよさを伝えようとする記録になるだろうというものでした。効果は抜群でした。一日のなかのちょっとし

た子どもの「きらめき」を素直な気持ちで受容し、それを「肯定的な表現」で伝えることができていたのです。

「考察ありき」の日誌

実習巡回で実習生と面談をした際にも、「事例と考察に苦戦している」「保育のなかで、今日はどの事例にしようかと探してしまい、保育に集中できない」という悩みを打ち明けられたことも少なくありません。実習は、保育者としての専門性を身につける重要な学習です。専門知識とつなげて保育をとらえる力を養いたい機会です。

しかしその前提には、子どもや保育を肯定的に感じ、とらえる力が必要です。そのためにはまず、子どもの姿や発想に心が動き、「子どもってすばらしい」と感じたことから保育を考える構えを身につけてほしいと思います。

目的にかなった日誌の挑戦

保育者の役割は、子どもの課題を見つけ出し、ある姿に子どもを育て上げることではありません。生活管理でも、けんかが起きない環境づくりでもありません。子どもの小さな変化や育ちを喜び、その子らしい発想や表現を認めるポジティブな存在。それこそが、子どもが求める保育者なのだろうと思います。

実習日誌の「当たり前」を問い直し、目的にかなった方法を模索し続け、「何のために記録をするのか」「保育の何を、どうとらえてほしいのか」など、保育者としての姿勢を育てるために小さなことから変えてみること、豊かな発想力と挑戦する勇気を、この園長先生から学びました。

POINT
● 子どもや保育の「きらめき」を大切にできる姿勢を目指す
● 専門的知見の前にまずは子どもや保育を肯定する力を培う
● 目的にかなった記録のあり方を検討する

13 人材不足がもたらす 保育の質低下

職員採用がもたらす意味を考えたい

　採用する現場としては、保育者としての資質や専門性の高さを基準として求めたいはずです。また、自園が実現したい保育に共感し、その実践が可能となるような素養をもった人材を採用したいというのは、保育の質を担保するためには必要な条件です。しかし、保育者が不足している現状では、こうした当たり前の視点での採用をあきらめざるを得ない現場が多いです。2014（平成26）年の日本保育士協会調査研究部「保育士不足が保育現場に与える影響についての調査報告書」では、「保育士を確保する上で困っていることは何か」という質問に約7割の現場が「求人を出しても応募がない」と答えたという結果もあります。

専門性を問えない採用の現状

　マネジメントの視点では、組織は常に一定水準の機能を生み出すことが求められます。保育施設であれば、子どもの安全と主体性が保障された環境を提供することです。そして、それを実現するための保育者を備えることが人材確保の基準です。

　しかし、先に示した調査の結果では、人材不足の現場は「心身の健康」と「社会人としての常識・倫理観」が備わっていれば保育者として採用するという現実も浮き彫りになりました。「応募すらない」という現場にとって、こうした現実があることは事実です。しかし、現場での人材育成という視点では、大きな問題があります。

　まずは「どこから育てたらいいのか」という問題です。一定の専門性や資質を問わずに採用せざるを得なかった現実が、新人育成のステップを後退させ、担当する職員の負担を増加させることにつながります。また、自園の保育に対する理解や共感を問えなかったため、「保育理念の実現」に向かう保育を共有できなくなる可能性があるのです。

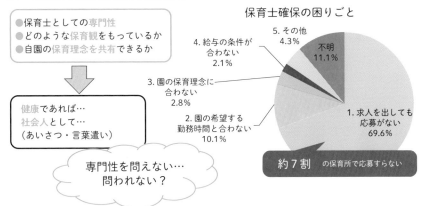

図　保育士不足が現場に与える影響

保育士確保の困りごと

グラフの出典：日本保育士協会 調査研究部（2014）「保育士不足が保育現場に与える影響についての調査報告書」p.8

採用で専門性が問えないことによる保育の質の低下

　現場では、あいさつやマナー、社会人としての素養を伝えることから新人育成をスタートしなければならないという悩みがあります。「方針を理解してもらえず、チームでの一貫した保育展開が難しい」という声が聞こえてくるのには、こうした背景が無関係ではないのです。

　このような採用の実態は、長期的な視点で見ると、保育者の質の低下をもたらす可能性もあります。「専門性を問う」というフィルターが機能しなくなることによって、保育者になるためのハードルは低くなります。一見、楽に就職できてよかったと思うかもしれませんが、長期的には、こうした採用のあり方が保育者の専門性、専門職者としての自覚、職業アイデンティティに影響を与えてしまうのです。今は、業界全体で保育者の質の向上について真剣に考えなければならない時期にあると思います。

POINT

- 保育者の人材不足と保育の質の担保は連動している
- 採用において専門性を問えない人材不足の現状を考える
- 人材不足の実態は新人育成に影響を与える

14 保育者の専門性の確保と養成校の責務

専門職としての未来の人材を実習園とともに育てる

　保育者を志す学生の最も重要な学びは、やはり実習です。養成校で学んだ専門的な知識や技術、あるいはそれぞれの学生が抱いている保育のイメージが、現場で実際にどう展開されているのか。身をもって知る重要な経験です。保育者養成校では、幼稚園教諭免許や保育士資格を取得し、保育者を志す学生の「夢」が実現することを願っています。一方で、専門性を問われる以上、ただ「なりたい」という思いを100%受け入れるだけでは、養成校としての責任を果たすことはできないでしょう。人材不足のこの業界において、一人でも多くの保育者を養成したい気持ちと、質の担保に対する責任の間で、私もときに葛藤します。学生自身も、養成校での学びや実習での経験によって、「自分は本当に保育者に向いているのだろうか」と悩む姿もあります。

　そんなとき、やはり養成校だけの判断で、大事な学生の進路を決定することはできません。実習園と学生の情報を共有しながら、できるだけ丁寧に保育者としての適性と可能性をともに考える必要があります。学生を中心にして、実習園と養成校がタッグを組んで、育てたいと思っているのです。

学生の実態を踏まえた丁寧な指導

　かつて、幼稚園での実習でかなり苦戦し、保育者としての適性を問われた学生がいました。子どもへの関心は高く、誰かの役に立つ仕事がしたいという熱い思いがある一方で、状況を適切に判断し、臨機応変に対応する難しさを抱えていました。次の保育所での実習では、学生の思いと状況を率直に園長先生にお伝えして、実習を受け入れていただいたのです。園長先生からは、そのような経験をした実習生の「自分はだめだ」という気持ちに寄り添い、まずは、何を学びたいと思っているのか、何

に困っているのかを知ることから始めたいとおっしゃっていただきました。それは、その実習生が保育者になるための現実可能な実習プログラムを組んでみたいというご提案だったのです。

多様な職員の「よさ」を見出す園長先生のマネジメント

　責任実習までの道のりは、当然、ハードなものでした。しかし、「経験を増やし、繰り返し行うことで少しずつできることがある」という園長先生の見立てのもと、何度も部分実習を繰り返し、その失敗を次の課題に変え、時間をかけて責任実習にたどり着くことができました。

　結果として、その実習生は保育士資格を取得し、実習園に就職しました。園長先生は「器用に何でもそつなくこなすことはできないかもしれないが、その分、丁寧に物事に取り組むよさがある」と評価してくれました。また「同じような気質や特性の職員集団は脆い。多様な職員がいることによって、職員同士も育ち、助け合うことができる。彼女から学ぶことも多いのです」と。

　管理職はどうしても、園になじみやすい、ときには同じタイプの職員を採用してしまいがちです。子どもの多様性を受容する保育の現場においては、このように職員の多様性を認め、互いに尊重し合う組織づくりの大切さをあらためて学ばせていただきました。

POINT
- 専門職保育者の育成の出発となる養成教育との連続性を考える
- 実習園と協働することで実習生の実態を踏まえた指導を実現する
- 多様な職員のあり方を認めるマネジメントの重要性を理解する

自主研修会で成長する組織に

しゃべろー会、やってみん？

　10時間以上の保育時間を、さまざまな雇用形態の職員がシフト制勤務で支えている就学前施設において、園内研修を実施することは至難の業です。日々の保育を進めていくうえで必要なことを伝え合う職員会議だけで精いっぱいです。それに加えて、"働き方改革"が謳われ勤務時間と休憩時間を厳守するとなれば、子どもや遊びの話は後回しにせざるを得ません。しかし、必要な打ち合わせが勤務時間内に終わり、休憩時間やアフター5が保障されたとしても、職員同士が顔を合わせると"互いの大変な話"になりがち…そんな園は、少なくないのではないでしょうか。「子どもが好き」「子どもの成長を支えたい」という気持ちもあるはずなのに。

　私もまたそんな園の、そんな職員の一人でした。働くこと10年。「楽しく保育がしたいのに、どうしてこうなるのだろう？」という思いから現場を離れ、大学院で"時間のない保育現場でも、楽しく参加したくなる園内研修"について研究しました。2年後、私は中堅の立場で保育現場に戻りました。大学院で学んだ「楽しく参加したくなる園内研修」をどうにか現場で活かしたい。そんなとき、同僚保育者（武田さん・5年目）との「子どもや保育について、ちょっと立ち止まって、じっくり考えたいよね」という会話から、"しゃべろー会"が生まれたのです。

　これは、園内で実施する、休憩時間を使って行う自由参加かつ非公式の自主研修会です。ただでさえ忙しい毎日、果たしてそんな会に参加したい人なんているのでしょうか。半信半疑で立ち上げたしゃべろー会、武田さんと「最悪（参加者が私たち）二人の勉強会」になることも覚悟していました。

いつ？　誰と？　どうやって？

　ゆるく楽しく飾らずにしゃべる会をイメージして始めたい。右に示したものは、しゃべろー会への参加者を募るために、職員室のお知らせボードに貼ったメモです。

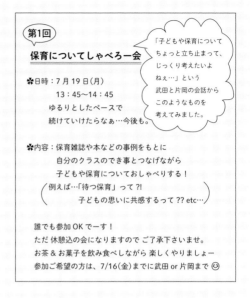

第1回
保育についてしゃべろー会

❋日時：7月19日（月）
　　　　13：45〜14：45
　　　ゆるりとしたペースで
　　　続けていけたらな…今後も。

❋内容：保育雑誌や本などの事例をもとに
　　　自分のクラスのでき事とつなげながら
　　　子どもや保育についておしゃべりする！
　　　（例えば…「待つ保育」って?!
　　　　　　子どもの思いに共感するって?? etc…）

誰でも参加OKでーす！
ただ休憩込の会になりますので ご了承下さいませ。
お茶＆お菓子を飲み食べしながら 楽しくやりましょー
参加ご望の方は、7/16(金)までに武田 or 片岡まで😊

「子どもや保育について
ちょっと立ち止まって、
じっくり考えたいよ
ねぇ…」という
武田と片岡の会話から
このようなものを
考えてみました。

いつやる？
（実施日・実施時間）

　毎月のシフト表が出た後、大きな行事がなく、できるだけ休みの職員が少ない日を選び、月1回、1時間くらいのペースで実施しました。

　実施時間は、子どもたちの午睡中です。勤務時間内かつ休憩時間の保障も目指しましたが、子どもをみる保育者と休憩する保育者との交代の都合上、どうしても人手が足りず、参加者はお茶とお菓子を持って集まることに落ち着きました。

誰とやる？　（参加者）

　このメモを見て、自ら参加を名乗り出た方は一人もいなかったように記憶しています。「声をかけたら、来たくなる人がいるかもしれない」と望みをかけて、若手の先生を中心に声をかけてみることにしました。しかし、中堅の私からの声かけは、強制になってしまうかもしれない。そこで、ここは5年目の武田さんが活躍しました。武田さんが3年目の保育者に声をかけ、その3年目の保育者が1年目の保育者に声をかけ…と芋づる式に誘っていき、1回目には7名が集まりました（当時、その施設の全職員数は25名ほどでした）。全員、私より若い保育者で、非正規の保育者も1名参加していました。以降7回目まで、参加メンバーは毎回ほぼ変わらずでした。

ちなみに、園長は、しゃべろー会の実施を快諾してくれました。私が園内研修について研究していたことを知っていたからです。園長が参加することはありませんでしたが、実施後にどんなことを話したのかを報告すると、園長の思いを聞かせてくれることもありました。折に触れて、会の実施に関心を寄せてくれていたことは、私たちの大きな支えになりました。

どうやる？（内容・進め方）

　内容は、企画者である私と武田さんで事前に話し合って決め、実施日とともに周知しました。初回は、保育のなかで大切にしたいことを立ち止まって考え、子どもの視点に立つ大切さを再確認する、明日の保育に少しでも活かせることを考える機会になるよう、企画者でテーマを設定しました。文献に載っている他園の事例をもとに話をしました。2回目以降は、参加者にどんな内容がいいかを聞きながら、テーマを設定していきました。

　進め方は、私がファシリテーターとして、どの参加者も毎回一言は発言できるよう、つないでいきました。会のはじめにその日の話題となる事例を読んだり紹介したりし、それについて感じたことや考えたことを自由に発言します。学ぶことを目的とするよりも、しゃべることを目的とする会です。正解を求めたり、参加者全員で一つの結論を導き出したりするのではなく、一人ひとりがさまざまに感じたり考えたりすることを大切にしました。会の最後には付箋を配り、その日の感想を一言書いてもらいました。後日、会で出た意見や付箋のコメントをA3用紙1枚にまとめ、参加していない先生方とも共有できるよう、職員室のお知らせボードに掲示しました。これらは、大学院で学んだことの総動員でした。

しゃべろー会の実践からその意味を考える

　全7回のしゃべろー会はこのような内容で行われました（表）。そのなかから、印象的だった二つの事例を紹介します。

表　しゃべろー会のテーマと内容

回	実施日	テーマ	内容	参加者数
1	7月19日	子どもの思いに共感するって？	保育雑誌のコラムをもとに、「共感」について考える	7
2	8月20日	たたかいごっこについて考える	本の事例をもとに、「たたかいごっこ」について考える	7
3	9月14日	Aくん・Bくんに迫る！	特別な支援を必要とする子どもの保育について、実際の子どもの姿をもとに話をする	7
4	10月19日	Cくんに迫る！	（同上）	6
5	11月22日	保護者支援を考える	実際に経験した、保護者対応時に困った二つの事例をもとに話をする	6
6	1月17日	保育中のけがから保育を考え直す	保育中に骨折をした子どもの事例をもとに、安全と経験のバランスについて考える	6
7	3月22日	一年間の振り返りを楽しく	くじ引き形式でお題を引いて、一年間の保育を振り返る	5

事例1：みんなで紐解いていくと…

　第3回のしゃべろー会では、特別な支援を必要とするAくんとBくん（ともに3歳児）へのかかわりについて、実際の子どもの姿をもとに「Aくん・Bくんに迫る！」というテーマで、話をしました。

<テーマ設定の背景>

　しゃべろー会の参加者であり、AくんとBくんの加配担当をしている

表　参加者

参加者	経験年数	担当クラス
E保育者	1年目	1歳児
F保育者	2年目	1歳児
G保育者	3年目	3歳児
H保育者	4年目	3歳児
武田さん	5年目	5歳児
J保育者	10年目	1歳児
片岡	10年目	4歳児

H保育者は、集団のなかで過ごすことが難しい2人の姿に、日々かかわりを悩んでいるようでした。園のどの保育者も、AくんとBくんのそういった日々の姿を目にしてはいるものの、なかなか深くは関与することができず、彼らについての話もできていない状況でした。園全体で連携しながら保育をしていくことの大切さをわかっていながらも、実践まで

111

には至っていませんでした。

　そこで、彼らへの理解を深めたい、そしてＨ保育者が、話すことで少しでも気持ちが前向きになったらという思いから、このテーマを設定したのです。Ｈ保育者には、「１枚の写真でも何でもいいので何かを準備して、２人のことについてしゃべろー会で話をしてほしい」と事前にお願いをし、この会で提案することが負担にならないようにしました。しかし、当日は、Ａ３用紙２枚をつなげた紙に、２人のそれぞれの一日の姿を時系列で細かく記録したものを自ら準備してくれていたのです。有志の会にこれだけ熱量のこもった記録を準備してくれたことを、企画者としてとてもうれしく思いました。

<しゃべろー会の意味を振り返る>

　１時間はあっという間です。Ｈ保育者の記録をもとに、「どうしてこんな姿を見せるのか」「こんなかかわりはどうだろう」など、参加者でさまざまに考えましたが、何か解決策が得られたわけではありませんでした。参加者の振り返りの付箋には「試行錯誤していくしかないと答えのない難しさを感じた」とありました。せっかくのＨ保育者の熱意に応えられるような、保育の本質に迫り、明日の保育に活かせるような話し合いができただろうかと、会を終えて不安になりました。

　一方、Ｈ保育者の付箋には「２人の様子をまとめてあらためて見ると、それぞれの成長がわかったし、２人が何を考えているかの予測もできた。彼らが集団を離れていく前後の様子にも注目しながら、興味をもつきっかけをつくっていけたらと思う」と書いてあり、しゃべろー会で提案することで、子どもの成長を実感したり、子どもを見る視点が増えたりしていることがわかりました。また、会の後に武田さんは「この会がなければ、２人の姿を日々何となく目にしても、ここまで深く考えられなかったし、みんなでしゃべりながら紐解いていけたことが楽しかった。子ども理解が深まっていくと思った」と話していました。

　この言葉を聞いて、毎回、保育の本質に迫るような会にしなければ、明日の保育に活かせるような話し合いにしなければと気負わなくても、こういった会の積み重ねで、あるとき本質に迫れたり、無意識のうちに実践が変わっていったりするのかもしれないと感じました。そして、「私

もかかわりを悩んでいる C くんについて書いて、会に出してみたい」という武田さんの言葉から、次の回は C くんへのかかわりをテーマに実施することになりました。こうして学びがつながり広がっていく手ごたえを感じた第 3 回のしゃべろー会でした。

事例 2：安全と経験のバランス

　第 6 回のしゃべろー会では、保育中に骨折をした D くん（4 歳児）の事例をもとに、なぜ起きたのか、再発防止のためには何を大切にすればいいのかを「保育中のけがから保育を考え直す」というテーマで話し合いました。

<テーマ設定の背景>

　私が担任をしていた D くんが、それまでの保育者経験のなかでないくらいの大きなけがをしました。戸外で遊んでいるときに、滑り台から落下、腕を骨折して手術、1 か月園を欠席するという大事故でした。けがをしたことやその対応をめぐって、保護者にも、職員にも、誰にも責められることはありませんでしたが、このけがが起きた状況を含め、自分の保育ややり方に問題があるのではと、日々葛藤していました。そしてこのように葛藤している自分自身のことを、園内では誰にも話せずにいました。当時、“安全”を優先して子どもの遊びを制限する保育者が多いなか、私は子どもの主体性を大切に、やりたいことをできるだけかなえたいという思いで保育をしていました。しかし、その結果、子どもが大けがをしてしまい、同僚からは「そんな保育をしているからけがをしたのでは」と思われているだろうという気持ちがあったからです。そのようなとき、参加した園外研修で日々の保育についての悩みを話す場がありました。私がこのけがのことを話題にしてみると、「園内で同僚間で話すことで、自分の保育観を伝えるきっかけになるのではないか」という意見をいただきました。そこで勇気を出して、しゃべろー会で話してみようと思ったのです。

<しゃべろー会の意味を振り返る>

　このけがの原因を参加者全員で探っていくなかで、「さまざまな偶然が重なって起きたことであり、どんなに気をつけて保育をしていても起

こり得ること、保育者の意識だけではどうにもならないことだったのではないか」という意見をもらいました。また、「滑り台の正しい使い方を徹底し、保育者による監視を強化したとしても、大人の目を盗んでやったのではないか」という意見、そして「事故が起きたからルールを厳しくするというのは違うと思う」などという意見もありました。この会を通して、意外に参加者は近い考えをもっていることがわかり、「そんな保育をしているからけがをしたんだ」とは思われていないのだと少し安心しました。

　また、再発防止のための対策については、「子どもの毎日の様子から"〇〇なことが起きるのではないか"と子どもの動きを予測すること」「職員みんなで子どももみんなを見ること」「危険な遊びをしていたときは止めるのではなく、子どもと一緒に考える機会をもつこと」があがりました。会の終了後、園長に報告すると、園長も「制限する保育には絶対してほしくない」「Dくんは一昨日も塀に登ろうとしていたし、危険なことをやってみたい子なのかもしれない。そういうことを職員同士が理解し合えていたらいいね」という意見でした。

　園内で話したことで、葛藤がなくなったわけではありませんが、自分と同じように感じている保育者はほかにもいるのだと知ることができ、私の気持ちは少し楽になり、それを保育者間で共有できたことは、園全体の「子どもの安全と経験のバランス」への意識の向上にもつながったと思います。また、若い保育者は、自分よりも年上の私の失敗や葛藤が会のテーマとして取り上げられたことで、自分も困ったときにほかの保育者に話したり相談したりしてもいいのだと思えたのではないかと感じます。そのことは、結果的に園内の安全にもつながっていくのではないでしょうか。

二つの事例を受けて考察

　この会に参加すれば、何か答えが得られるわけではありません。すぐに使える保育の技（かかわり方、声かけ等）が身につくわけでもありません。即効性はなく、ここで感じたり考えたりしたことがいつどのような形で発揮されるかは、本人もわからないかもしれません。それでも、参加者

にとって、参加した意味や学びはあったのでしょうか。全7回終了後、武田さんとF保育者は、しゃべろー会のことを以下のように振り返っています。

武田さんは、「しゃべろー会は、ふだん疑問に思ったこととか、どうしたらよかったのだろうと思ったことをその会にもち込めて、みんなの意見を聞けるので、好きな会だった。クラスが離れていたらあまり話せない先生たちとも話せるよい機会だった」と言っています。F保育者も「初めての1歳児担任だったので、わからないこととか不安なことばっかりだった。聞いてもらえるあの時間が自分にとって大事だったと思う」と言っています。自分の思いを聞いてもらうこと、ほかの保育者の思いを聞くことが、保育者にとって大切であり、しゃべろー会はそれを可能にしていたことがわかります。

また、武田さんは「私は特にCくんのことを（しゃべろー会で）よく話題にあげていたが、会のなかでの、こうしてみたら？　というみんなの意見をどんどん保育で実践していた。うまくいくことばかりではなかったが、それでも少しずつかかわり方がわかっていったような気がする」とも言っています。しゃべろー会でほかの保育者と話しながら、「こうかな？」と思ったことを実践し、それがうまくいかないこともあったようですが、「少しずつかかわり方がわかっていったような気がする」とあるように、全体としてかかわりの質が上がっていっていることがうかがえます。事例1でH保育者の子どもを見る視点が増えていることからも、学ぶことを目的とする会ではなく、一つの話題をもとに感じたことや考えたことを自由にしゃべることを目的とする会においても、保育の質の向上につながる学びは得られるのではないかということが示唆されます。

しゃべろー会のその後

さて、しゃべろー会を実施した年度の3月に、私も武田さんもH保育者も異動となり、参加メンバー7人中3人が、この園を離れることとなりました。新年度、それぞれ異動先で新しい環境に慣れることに必死で、しゃべろー会はすっかり過去のことになっていたその頃、この園では、

しゃべろー会に参加していたＦ保育者とＧ保育者が「今年も続けていきたい」と企画者となり、新規採用の保育者も誘い、若い先生方で実施したそうです。初回は"年度当初の不安や頑張りたいこと等の話"をしたそうですが、残念ながら実施はその1回きり。Ｆ保育者は「続けていく難しさを感じた。定期的に声をかけて引っ張ってくれる先輩の存在がありがたかった」と話していました。しゃべろー会は、企画する人、企画する人を支える人、興味をもって参加する人、それぞれが欠かせない存在であり、決して声をかけて企画する私だけでは、継続した実施は不可能だったと思います。Ｆ保育者やＧ保育者のしゃべろー会に参加してよかったという経験が、いつかまたタイミングが来たときに、実施につながったらと思います。

　私は異動先で一年間は慣れることに必死でしたが、二年目に入り、新たに若い先生と自主研修を企画し始めたところです。今の園は小規模で保育者が5人、私はまたしても上からも下からも3番目の中堅です。人数が少なく、武田さんのように私と一緒に企画する人はいませんが、この園だからこそできる学びの場、この立場だからこそできる企画をまた模索していきたいと思います。

（片岡今日子）

第 **5** 章

リーダーシップを発揮し組織を好循環させる

組織における管理職、ミドルリーダーの役割は重要です。組織の方針を示し、組織が機能するように働きかけ、職員とのコミュニケーションを通して、リーダーシップを発揮する大きな役割を担っています。保育の質を持続的に向上させるためのリーダーのあり方について、考えてみましょう。

1 組織を機能させる リーダーシップ

管理職（マネージャー）とリーダー

　園長や主任は、管理職（マネージャー）です。管理職は、チームに対し、方向性を示し、役割や業務を割り当て、目的遂行が順調に進んでいくように全体を把握しながら、指示を出します。ときにそのずれを修正する役割をもちます。職員、すなわち「ヒト」は、感情を有する複雑な資源です。方向性や指示を理解したものの、日々、モチベーションは変動し、「ヒト」同士の相互作用、すなわち人間関係によって、心もちも変化します。また「ヒト」は、日々、成長している存在のため、そのありようはひとときたりとも、一様ではありません。管理職は、より高いモチベーションと良質な人間関係のなかで、組織の目的がよりよく達成されるように、この「ヒト」に働きかけます。いわゆる「リーダー」と呼ばれる役割の人たちは、この「ヒト」への働きかけを担う組織における重要な役割といえるでしょう。

リーダーシップ理論の変遷と現代のアプローチ

　時代が求めるリーダー像や、組織論の変遷に伴い、リーダーシップ理論も発展を遂げてきました。1940年代は、いわゆる「特性理論」と呼ばれる優れたリーダーの共通の資質や特性を明らかにし、それらをどのように身につけるのかという議論が主流でした。そこから、行動に着目する理論や関係性からとらえる理論などを経て、現在に至っています。

　ピーター・F・ドラッカーは、リーダーシップを「メンバーが能動的に活動できるようにサポートすること」と説明し、日本のリーダーの考え方に大きな影響を与えました。管理主義的な日本の組織においては、リーダーが指示を与え、それに従って行動するイメージが強いかもしれません。しかし、リーダーは、職員一人ひとりが、自らの役割と与えられた任務を理解し、自主的、主体的に、仕事を進めることができるよう

に、助言したり、フォローしたり、励ましたりすることがその役目の中心です。さらに、職員同士の関係性では、互いに励まし合い、助け合って、チームとして業務が円滑に進んでいけるように、見守ります。

年代	リーダーシップ理論	概要
1940年代まで	特性理論	優れたリーダーには共通の資質・特性がある
1940～1960年頃	行動理論	リーダーにふさわしい行動をとることで優れたリーダーになれる
1960～1980年頃	条件適合理論	チームの状況に応じて必要なリーダー的行動がある
1980年頃～現在	変革型リーダーシップ理論	メンバーの魅力を引き出し、ビジョン達成のために変革を起こす

リーダーシップは全職員が意識する構え

　筆者は、リーダーシップ理論を「関係性」のアプローチでとらえています。つまり、リーダーだけがその役割を発揮しようと躍起になっても、そううまくはいきません。リーダーシップとフォロワーシップの関係性にもいえることですが、リーダーが、リーダーシップを発揮することを了解し、メンバーもまた、その発揮を支えるフォロワーシップとして自覚と働きかけが求められます。つまり、組織に所属するメンバーすべてに、互いの役割が発揮し合えるように、支え合うという組織的な感覚をもってほしいのです。これは、1年目の職員であっても同様です。「誰かがやってくれる」という"おまかせ主義"から脱却し、全員が自分事として組織に参画する意識をもちたいものです。

POINT
● 「ヒト」という資源に働きかけるリーダーの役割がある
● メンバーが能動的に活動できるためのリーダーシップ理論で進める
● 組織のメンバー全員がリーダーシップについて理解する

2 信頼関係のうえで 成立するリーダーシップ

現代的なリーダーシップ理論

　古典的なリーダーシップ理論では、リーダーは部下を「管理する」というイメージがあり、メンバーに命令や指示を伝え、それに従うよう働きかけることとされていました。今なお、そのイメージは根深く、私たちがもつリーダーに対してのイメージの奥深くには、メンバーを統率、管理しなければならないという刷り込みがあるように思います。

　保育現場においても、担任として子どもとのかかわりを中心に活躍してきた保育者が、ミドルリーダーや主任に抜擢されると、困惑し、「自分には到底、役割を果たすことが難しい」と尻込みしてしまうケースもあります。おそらく、自分に任された職員を「うまくコントロールしなければ、管理しなければ」という、リーダーがもつ役割のイメージが払拭できないからかもしれません。

指示・命令が NG なのではない

　リーダーは、メンバーが能動的に自らの役割を全うするように働きかけます。このようなリーダーシップの考え方からは、メンバーの意見を尊重する傾聴型のリーダーシップに注目が集まるのは当然でしょう。しかし、管理職の指示や命令、すなわち古典的な働きかけを過度に否定するのも注意が必要です。

　リーダーシップには多くのスタイルが存在します。「指示・命令型リーダーシップ」は、最も古典的なスタイルで

すが、これがだめだというわけではありません。災害などの緊急時には、管理職が責任をもってその方針と対策を短時間で決定し、示すことが求められます。組織に混乱が生じないよう、方向を定め、行動基準を明確にし、組織内で迅速に正確に情報を共有することが、最優先事項です。そのときには、指揮命令系統がシンプルで、内容がわかりやすいことが必要です。また、単純作業を進める際にも有用です。ときと場合に応じて、リーダーは最も有用なリーダーシップのスタイルを選び、使い分けることが求められるのです。

「信頼」がリーダーシップを成立させる

「指示・命令型リーダーシップ」で最も注意しなければならないのは、メンバーからの不信を買いやすいという点です。管理職など権威ある立場の人からの指示・命令は、程度の差こそあれ、メンバーに「精神的苦痛」をもたらします。上司からの命令は、その立場の違いから、圧迫や評価、期待に応えられるかなどのプレッシャーを与える可能性が高く、これはいかなるケースであっても避けることが難しいとされています。

ただ、この「精神的苦痛」は、関係性によって、強まったり、和らいだりするという特性があります。最も影響を与えるのが「信頼」の度合いです。信頼する上司からの指示・命令は、その苦痛が和らぐとされています。

信頼を得るためには、まずは日頃から職員の「声」に耳を傾けることです。信頼は、関係性ですから、どちらか一方だけが、意見を表明し、それを他方が聞き続けるという偏った力関係では成立しません。職員の「声」に日頃から関心をもち、また率直な「声」を安心して発信できるような関係を築けるような配慮や姿勢を、リーダーは常に心がける必要があります。

POINT
- 指示・命令型リーダーシップもときには有効である
- 「精神的苦痛」を和らげる信頼の重要性を理解する
- 職員の「声」を傾聴するリーダーの姿勢が大切である

3 「傾聴」と「問い」を活用する

「傾聴」から始まる信頼関係

マネジメントを発明したといわれる現代経営学の第一人者ピーター・ドラッカーは、彼のリーダーシップ理論のなかでさまざまな示唆を与えています。例えば、リーダーの心構えとして、「部下の意見を尊重する姿勢」をあげています。意見を尊重するとき、まずは相手の発言や考えを丁寧に聴く「傾聴」が必要です。

日々のなにげないコミュニケーションにおいても、職員が今、何を感じ、どう思っているのか、評価することなく、ただそれを受け止めることから始まります。

そして、コミュニケーションである以上、ただ、意見を受け止めるだけにとどまらず、フィードバックする必要があります。「双方向」の営みになるよう、その思いに対して、ときに反応を示すことが必要になります。相手が「尊重されている」と感じることが大事なのです。適切なフィードバックがあってこそ、「尊重されている」と実感します。

指示待ち症候群の職員が心配になったら

管理職研修では「職員が受け身でしか仕事をしようとしない」「指示を待っていて考えることができない」というリーダーの悩みを耳にすることがあります。職員の特性や個人差も当然ありますが、ときに、リーダーの姿勢や働きかけが、メンバーのそのような姿勢を生み出していることがあります。

リーダーは、メンバーからの相談を受けることが多いでしょう。自信があり、親切なリーダーほど、何でも答えてあげようとしてしまいがちです。「今度の行事はどうしましょう」「これはいつまでにやるべきでしょうか」、大きな問題から日常的な業務のことまで、数多くのことがリーダーに相談としてもちかけられます。リーダーは「問われている」のですから、答えるのが当たり前だと思うかもしれません。しかし、このすべてに丁寧に答えてしまうと、いつしかそれは、「答え」ではなく「指示・命令」に代わってしまうことに、気づかなければなりません。

つまり、相談に応じているつもりが、1から10までリーダーが指示をしている関係を、自らつくり出し、指示待ち症候群の職員を生産してしまっているのです。

5 リーダーシップを発揮し組織を好循環させる

「問う」ことを意識する

このとき有用なのが「問う」という行為です。職員からの質問や相談に、「あなただったらどうする？」と「問う」ことを意識してみましょう。問われた職員は、自分なりに考え（あるいは、事前に考えをある程度もっているかもしれません）、リーダーはその考えに対し、フィードバックすればよいのです。よければ「ほめる」、修正が必要であれば「助言する」です。いずれにしても、最終的に「自分で意思決定した」と納得することで、意見が尊重された感覚を抱くことができます。

目まぐるしく状況が変わる保育の現場では、瞬時に判断し、動かなければならない場面も当然あります。常に「問う」ということを徹底するのは、難しいことかもしれません。しかし、ときには、この「問う」ことを意識的に実施してほしいのです。

POINT
- 「傾聴」は信頼関係を築くためのファーストステップである
- 指示待ち症候群を生み出すリーダーの特性を理解する
- 「問う」行為を大切にする

123

職員の多様性を理解することから始まるマネジメント

保育者の多様性を理解する

　職員は、これまで多様な経験を積み、背景をもって、今、職場に存在しています。保育者を志したきっかけ（動機）、保育者としてのこれまでの経験（経緯）、関心をもっていること（関心）や得意なこと（長所や専門性）、保育を通して実現したいこと（ミッション）、今後どのように成長し活躍していきたいのか（キャリア形成）、そしてそもそもなぜ働いているのか（仕事観）、そしてどう働きたいと思っているのか（働き方やワークライフバランス）など、さまざまな観点で一人の職員を理解しようとしても、複雑です。

　職員のマネジメントの原点は、職員理解です。管理職は、さまざまな角度から、職員を理解する必要があります。日常的なコミュニケーションをはじめ、定期的な個別の面談など、さまざまな場面で職員を理解する機会があります。昨今、1on1 ミーティングといった、職員の成長や育成を主目的とした、定期的な対話の時間も注目されています。ほかの職員の目がない環境で、そのような場所だからこそ、話せることがあるでしょう。このような機会を活用して、「今」この職員は、どのような思いやコンディションで職場にいるのかを定期的に確認する必要があります。

本音で語り合う「対話」を可能にするために

　いくら対話の時間を設けたとしても、職員が、本音で語ってくれなければ、意味がありません。場所と機会が与えられただけでは、職員は本音で語ることはできないでしょう。「この人なら、話しても大丈夫」「この人に、聞いてもらいたい」と思えなければ、表面的な話で終わってしまいます。特に、苦手なことや悩んでいること、ネガティブな話題は、管理職にそれを積極的に伝えることは容易ではありません。自分を評価する立場の管理職に、マイナスの情報を発信することは、とても勇気のいることです。では、どうしたら、本音で話をしてくれるようになるの

でしょうか。職員の立場から考えてみましょう。

職員と「真に」わかり合えるための管理職の働きかけ

一つ目は、管理職が自分を肯定的にみていると実感できることです。そのために管理職は、日頃から、ほめることです。具体的な行動や活躍に対し、「とてもよかったね、ありがとう」と感謝の言葉を添えて、評価します。まずはよいところを具体的に評価し、伝えることで、「あなたのよさを知っているよ」というメッセージを日頃から送ります。

二つ目は、完璧な自分でなくても大丈夫だと思えることです。そのために管理職は、ときに完璧ではない自分を開示することも必要です。完璧な相手には、完璧でなくてはならないというプレッシャーを与えます。「苦手だから、あなたの力を貸してもらいたい」と

伝えることや、ちょっとした失敗談を披露することもいいでしょう。役職や立場は違っても、弱さや苦手な部分をもった人間同士という対等な関係性が、心を開き、本音で語ることのできる土壌をつくります。

三つ目は、思いや発想を頭ごなしに否定されないということです。そのために管理職は、語ってくれたことを「よい・わるい」や「できる・できない」で評価するのではなく、語ってくれたことを「話しにくいことを、よく話してくれたね、ありがとう」と認めてください。

POINT
- 職員のリアルを多面的に、定期的に理解する
- ネガティブな情報を職員が発信できる環境を整える
- 肯定的なまなざし、完璧を求めていない姿勢を伝える

5 ぶれないビジョンをシンプルに伝える

シンプルな基準がぶれない判断をもたらす

　園長をはじめとするトップマネジメント層の最も重要な役割は、組織の方針を決定することです。園長の役割は、「園運営の方針を決定する最高権限をもつ」ことですから、コロコロと方針を変更することは避けるべきです。もちろん、方針転換が必要なときはあります。組織が混乱しないためにも、熟考して、方針を決定することになります。

　そして、この方針を現場に行き届かせるためには、「方針の明確性」と「職員との信頼関係の構築」が求められます。そのために、優れたトップマネジメント層の人たちは「ぶれない」ということを心がけています。

　ビジョンや方針を職員が理解、共有し、協同的に達成しようとするのが組織の営みです。方針が曖昧だったり、二転三転したりするようでは、職員は何を目指し、仕事をしたらいいのかの判断に悩み、身動きがとれなくなります。「ぶれない」方針を常に示し続けることが必要です。

　管理職はさまざまな場面で、多くの職員から判断や指示を求められます。その際、状況や人によって判断が変われば職員に不信感を抱かせます。「あのときはこう言ったのに今度は違う」となれば、判断の信憑性が問われるとともに、人を見て、感情的に判断しているのではないかと疑われます。同じような条件では、常に一貫した判断を下すことが必要なのです。

ぶれないためには、シンプルな思考を心がける

　筆者が出会った優れたリーダーは、シンプルに物事を考えようとします。複雑にとらえ、多様な基準で判断しようとすると、視点や基準の整合性がとれずに、結果的に「ぶれて」しまうのです。また、複雑な指示や方針は職員に伝わりにくく、混乱を招きます。さらに、秩序や評価の観点を複雑にすることは、職員の考える機会と自由な発想を奪い「指示

待ち化」させていきます。

　シンプルな方向性を理解したうえ
で、そのために「何ができるのか」
「何をすべきなのか」を職員が考える
ことで指示どおりに動くのではな
く、主体的に仕事に取り組む職員の
姿勢が培われます。考える自由を提
供するという点でも、シンプルな方
針を示すことが重要なのです。

　マネジメントは、刻々と変わる現実と向き合う仕事です。さまざまな
要因がからみ合った複雑な問題をタイムリーに解決する際も「シンプル
な思考」が役立ちます。

ビジョンの正当性を問い続ける

　リーダーの役割の一つに「明確なビジョンを伝える」ことがあります。
多様な価値観や意見をもった職員を尊重しつつ、組織として同じ方向を
向くためには、目指すべき「ビジョン」の存在が必要だからです。リー
ダーは、この「ビジョン」をときに立ち止まり、本当にそのビジョンで
よいのかを問い続け、それを自らの腑に落とし、どんな場面においても
「自らの言葉」でメンバーに伝えることが求められます。なぜそのビジョ
ンが重要なのか、ビジョンが達成された先に、どのような保育実践をイ
メージしているのか、どのような子どもの育ちを理想としているのか。
園の理念とともに、リーダーはさまざまな情報を吸収しながら、ビジョ
ンの正当性を問い直し続ける姿勢、つまり管理職として学び続ける姿勢
は、組織の強い土台をつくり出します。

POINT
- 信頼関係を築くためのぶれない判断を心がける
- シンプルな思考が「ぶれない」リーダーをつくる
- ビジョンを問い直し続けるリーダーの学びの姿勢が必要である

大海を進む「船」の運命を決定するリーダーの判断

大海の状況を把握し判断する

　組織は社会のシステムに属した生き物で、社会の状況やシステムに影響を受けながら存在している「大海に浮かぶ船」です。トップの管理職である園長は、この船の「船長」です。船長は当然、船の状態、船内の安全や環境、船員たちの健康や状況、つまり「船の中」に思いをめぐらせます。しかし、それ以上に大事なことは、「船が沈まず、目的地に向かって進む」ということです。そのために必要なことは、船が進んでいく環境、「大海」の状態を適切に把握し、見極めることです。船長は今後の潮目をできるだけ把握し、予定調和ではない出来事も察知しながら、安全で適切な道筋を見極める必要があります。そうでなければ、最悪の場合、船は荒波にもまれて沈んでしまいます。

　今の時代、私たちの身の回りには、予測できない事態が起こっています。見通しがもてない現実に、個人としても、組織としても、社会としても、「判断」を迫られることが多くなってきました。組織のマネジメントでは、この「判断する」という行為がとても重要です。

　一つとして同じ組織はなく、全く同じ状況が起きることもありません。誰も泳いだことがない海路に出て、勇気をもって進む船を先導することが管理職の役割と責任であり、やりがいがあることでもあります。周りの判断に付き従うことは、情報として把握する視点では大切です。

しかし、それで管理職の役割を果たしているとはいえません。適切な判断をするため、日頃から「大海」を知る意識をもって社会にかかわることが、管理職の心もちとして大切なのです。

組織の発展のために「今」と「未来」を見据える

　組織の発展は、すべてを維持し続け、常に右肩上がりに成し遂げられるわけではありません。古く手放すべきものと本当に必要なものを見極め、ときには新しいものと入れ替える「得るために失う」という取捨選択を繰り返し、軌道修正しながら発展していきます。習慣化してきた方法やシステム、観念を手放し、新しいものに着手する選択は難しいことです。リーダーが決断したとしても、組織全体がそれを受け入れ、方向転換することは、さらなる時間と何回もの話し合いや浸透のプロセスが必要となり、組織にとっては困難で労力がいる取り組みです。

　歴史という宿命のなかで、時間の経過とともに大海は変化し続けます。この大海の変化を、船（組織）は「洗礼」として受けることになります。これもまた宿命です。ただ、この「洗礼」を思いがけない「災害」と受け止めるか、「チャンス」と受け止めるかによって、船（組織）の運命は変わります。この判断こそが、組織のトップである管理職の資質と存在意義だと思うのです。ピーター・F・ドラッカーは著書『マネジメント——基本と原則』で、管理職の役割として「あらゆる決定と行動において、直ちに必要とされているものと遠い将来に必要とされているものを調和させていくことである」と述べ、「いずれを犠牲にしても組織は危険にさらされる」としています。つまり、管理職は、すぐに対策に向けて変化しなければならない対応に加え、本質的な変革についても思いをめぐらせ、組織としての今後を考える視点をもっていなければならないのです。

POINT
- 組織の「中」だけでなく「外」に目を向ける
- 従来のシステムや価値観を手放す勇気をもつ
- 「今」と「未来」の両者の視点に立脚したマネジメントを行う

7 組織の発展のために リーダーが心がけること

　管理職の仕事は、終わりがありません。一瞬、「うまくいっている」という手応えを感じても、次の瞬間、また新しい局面に組織は乗り出し、「どうしたらいいのだろう」と思い悩むのです。筆者も大学組織をマネジメントするなかで理論だけでは通用しない現実に直面し、そのたびにあらためて理論を読み解き、理論と実践の往還のなかで浮かび上がるマネジメントの本質を探っています。

今ある資源を大切にすること

　一つ目は、現状を否定したり、条件から逃げたりしないことです。これはマネジメントの鉄則で、「ないものねだり」ではなく、まずは今ある現状を前提にして、それらをどう活用したら「よくなるのか」を考えることが重要です。保育現場では「人や時間が足りない」という悩みを聞きます。改善すべき課題の一つではありますが、単に条件をよくすることに固執すると、すぐに限界がやってきます。それよりは、工夫を凝らし、発想を転換することで改善を試みる。そうした分析を踏まえた創意工夫がマネジメントの本質です。

小さなことからコツコツと

　二つ目は、小さなことから始め、続けることです。組織は、たくさんの要素で成り立っています。大きな目標を達成するうえでも、その目標が実現するために必要な小さな具体的な目標を設定し、一つずつ取り組むことです。組織が大きくなるほど、変化をもたらすためには時間もエネルギーも要します。急激な変化は期待できません。しかし、だから大変だと、構えすぎてしまうと、組織は変容できません。そのうちに、どんどん劣化し、「よさ」を失うこともあります。小さな出来事の積み重ね

が、大きな現実をつくり出します。「よい」と思ったことは、小さなことから始めて、続けることです。

ピンチのときほど「原点」に立ち戻ること

三つ目は、ピンチのときこそ目的に立ち戻ることです。人は、予想外のことが起きたとき、その難所から逃れようと、手っ取り早く解決できる手法に頼りたくなります。しかし、そのようなときほど、立ち止まることが大切です。つまり、急がば回れです。「なぜ起きたのか」、そもそも「何のためにやっているのか」を問い直し、心理的にも物理的にも、問題から距離を置いて、冷静さを取り戻すことが肝要です。荒波にもまれそうになったとき、一時的な避難に終始しないよう、冷静にその目的を問い直すこと。それが「理念」の確認でもあります。

最後に、重要な決断のときこそ、信頼できる他者の存在にふれることです。マネジメントは「判断・決断」の連続ともいえます。どの組織においてもリーダーは孤独ですから、大きな決断であるほど、悩み、不安を感じ、緊張します。そうしたとき、自分の思い込みや独断になってはいないか、必ず信頼できる人と話をするようにしています。リーダーにはフォロワーが必要です。向き合う課題によっては、組織のなかでは孤独にならざるを得ない場合もあるでしょう。そんなとき、組織の外とのつながりを活かす必要があります。心から信頼でき、学び合える組織外の存在は、リーダーを大きく支え、組織の発展を可能にします。

POINT

- 「今ある」資源に感謝し活用する視点をもつ
- できることを着実に積み重ねる
- 「原点」を確認する姿勢を忘れないようにする

組織マネジメントが機能する
実践事例❺

組織を好循環させる
リーダーシップ

停滞し、淀んでいた自園の保育

　私は養成校を卒業後、都内の私立幼稚園で担任経験を積んだのち、父が園長を務める現在の園で働き始めました。最初の1年目は担任として、その後は担任から外れ、現在は副園長として園の運営に携わって4年目となります。

　当園で働き始めてしばらくすると、さまざまな場面で違和感を覚えるようになりました。例えば20年近く内容が更新されていない季節の製作物や、クラス横並びで保育をするために活動内容をスケジュールに落とし込んでいく月案のあり方など、子どもの姿よりも大人の都合や園の伝統が重視され、「いつもこうだから」という雰囲気がまん延していたのです。この事例のタイトルにある「好循環」というワードを当時の園の状況に照らせば、目の前の子どもの姿や社会の変化に応じて保育を"好循環"させることができずにいた当園は、「停滞」し「淀んだ」保育からのスタートだったといえるのかもしれません。

保育の変革と職員の思い

　他園で働いた経験や、保育関連の書籍から得る情報、研修で見聞きする話など、園の外部からの刺激を背に受け、当時の私は焦っていました。目の前の保育実践が自分自身の思い描く理想とはかけ離れたところにあると感じ、「早く保育を変えていきたい」という思いが日々募る一方だったからです。

　そんな私にとって幸いだったのは、自分自身が担任を経験してきたこと、また自園でも担任の立場から保育にかかわれたことです。現場の職員と苦楽をともにすることで、管理職と現場、二つの視点から保育を見つめ直すことができたように思います。これがなければ、焦りに任せて性急に保育を変えようとしていたかもしれません。

132

職員は思いどおりに動く「コマ」ではなく、一人ひとりがそれぞれの形で子どもにとってよい保育がしたいという意思をもった存在です。このような現場の職員の思いをとりこぼし、組織の形や方法論だけを変えたとしても保育の好循環にはつながりません。保育を変えることに主眼が置かれ、暴走しかけていた私にブレーキをかけてくれたのは、ほかでもない現場の職員の存在だったのです。今振り返ると、このときから「現場で働く職員の思いも大切にしながら保育をよい方向へ変えていくことはできないだろうか」という私の試行錯誤の道が始まりました。

変革の土台となる職員との関係づくり

職員の思いを大切にするために、私は保育を変えていくはじめの一歩を「職員の思いを知ること」と位置づけました。しかし、職員が現在の保育のあり方についてどのような立場で、どのような思いをもっているのか。何に悩み、何に疑問をもち、どう変えていきたいと考えているのか。このような"思い"は簡単に語られることではありません。なぜならそれらは、子どもをどのように見て、保育という営みをどのようにとらえているのか、という保育観に直結する、いわばその人の保育者としての根幹にかかわることでもあるからです。

そこで、まずは対話的な関係を築くための土台づくりとして「自己開示すること」から始めました。私の人となりや保育に対する思いを知ってもらうことが第一歩と考えたのです。担任として働きながら、日々の保育や子どものことについて意識的に職員と語り合うことを心がけました。語り合いを繰り返していくうちに少しずつ会話の内容が表面的なものではなく、当園の課題やこうありたいという理想像など、本質に迫るものへと質的に変化していったことを感じました。

もう一点、とても些細なことですが「職員からの相談や頼み事にすぐに応じる」ことも大切にしました。保育の悩みの相談や保護者への難しい対応などから、下駄箱のネジ一本の緩みの調整まで、私にできることはなるべく後回しにせず取り組むようにしました。決して職員のご機嫌をとるのではなく、「こうなったらいいな」と思ったことがちゃんと形になる、困ったときに話を聞いてもらえるという実感を職員にもってもら

いたいと考えていたのです。

　これは、私が担任として子どもとの関係づくりで大切にしてきたことと重なります。たとえその子の思いを100％実現することができなかったとしても、「私の思いをちゃんと聞いてくれる」「一緒に悩んでくれる」と子どもたちに感じてもらえることをクラスづくりで大切にしていましたが、職場での関係づくりにおいてもベースは同じなのではないでしょうか。

変革への取り組みと職員とのずれ

　このように関係性を意識しながらさまざまな変革に着手していきました。職員から語られる課題意識や困り感をもとに、何が園の課題となっているのかを考え、必要と思われることに取り組みました。以下に簡単に例をあげてみます。

表　当園の変革への取り組みの例

課題と感じていたこと	実際に変革に取り組んだこと
保育内容が前年踏襲の繰り返しとなり、子どもの"今"の姿が反映されていない	子どもの姿をベースとした計画作成ができるように、週案・月案の形式をウェブ型へと変更
行事の運営が主任中心となり、ほかの職員に当事者性がみられない	行事の担当制を設け、企画から運営までをそれぞれの職員が担当する
園務分掌が明確化されていない	「係活動」として、絵本や製作、園庭環境など園全体にかかわる業務を分担
保育を学ぶ場・振り返る場が少ない	園内研修や外部園の参観、学期ごと・行事ごとに振り返りの時間を導入
会議が長いうえに、必要なのに共有されていないことや不必要なのに実施されているものがあった	会議資料を事前に渡しておく、必要な会議の精査、終了時間を決める、進行役は主任や副園長にする
クラスや学年を超えた連携や情報共有がうまくいっていない	（学年主任制度がなかったので）各学年にベテラン職員によるとりまとめ役を設け、学年間の橋渡し役や職員の意見の吸い上げなどをお願いする

　実際に取り組む内容については、できるだけ私の独断にならないよう

に、職員にも相談しながら進めました。同時に、外部の先進的な取り組みにも刺激を受け、参考にしました。なかには、魅力的な実践をそのまま取り入れてみたものもあります。変革当初は、園組織がよい方向へと変わっていく予感もあり、うれしく、わくわくしたことを覚えています。

しかし、この変革に取り組み始めて2年目の2学期末、振り返りの場で職員から「とりまとめ役が本当に必要なのか、疑問です」「行事によって負担が偏っていて、おかしいです」など、変革の内容に関する疑問や意見があがりました。順風満帆かと思っていた変革の道のりでしたが、実際には、私と職員の間に思いのずれが生じていたのです。先にふれたように、私の独断になることを避けるため、職員と対話的に変革の取り組み内容を選んできたつもりだった私にとって、このずれはショックでした。「皆のために保育や働き方を改善しようとしているのに、なぜ水を差すようなことを言うのだろう」と苛立ちすら感じました。

そんな私が我に返ったのは、当園に20年以上長く勤めてくれている主任の言葉でした。「今までみんな（職員）、そんなに自分のカラーが出せなくて、右にならえって感じだったけど、最近は思っていることを言ってくれるようになった気がする」と、主任が言ってくれたのです。このとき、自分のなかで職員の発言のとらえ方が変わりました。これまでは、園の保育に対して疑問や違和感を抱える一方、それらを変えていくためのきっかけや場がなかったのかもしれません。それが園の保育の「淀み」となっていたのだとしたら、職員が「おかしい」「変えたい」と言ってくれている姿は、好循環を促すための流れを生み出す重要な要素であるととらえられるようになりました。

意識が芽吹き、文化へと成長する

そこで、その年の年度末に、職員全員であらためて園の保育や組織体制を問い直す場を設けました。それぞれが抱えているモヤモヤをいったん出し合い、その原因や改善策について話し合い、納得感をもつことがねらいです。一方で、モヤモヤをぶつけ合うだけでは業務は改善されないばかりか、関係性の悪化を招くおそれもあります。組織として前に進みながら、職員間の関係性も維持するのは簡単なことではありません

が、このバランスの調整こそ自分の役目だと考え、職員の発言だけではなく、その裏にある思いにも気を配りながら話し合いを進めました（写真：問い直しで出た意見）。

問い直しで出た意見

　職員全員で話し合いを行ったことで得られた最大の成果は、職員のなかに「現状を問い直す意識」が醸成され始めたことです。例えば5月に毎年恒例となっていた近隣の公園での園外保育について、職員から「その年の子どもの様子によって、時期を変

保育参加する保護者の様子

えるとか、内容を変えるとか考えるべき」といった意見が出たり、「もっと保護者に保育や子どもの面白さを知ってもらいたい」という思いから“保育参加”として希望する保護者に一日保育に入っていただくという新たな取り組みが生まれたりしました（写真：保育参加する保護者の様子）。

　今ある園の文化は「当たり前」で「変わることがない」と考えていた職員が多くいたなか、全員で問い直しの場をもつことによって「変えていくことができる」という意識へとつながったのだと思います。勇気をもって「おかしい」と声をあげてくれた職員がいてくれたことを喜ぶとともに、この小さな問い直しの芽が、やがて大きく育ち、目の前の子ど

もの姿を大切にしながら保育を築いていく文化へと成長していくことを願っています。

変わり続けることを受け入れ、わかり続けようとする

このように、私自身の自己開示と、職員の思いにできるだけスピーディに応じることを大切にしながら、対話を通じた関係づくりへと取り組んだことで、保育の問い直しの芽が生まれました。子どもの姿や保育者が子どもを見る目にも小さな変化が少しずつ生まれています。しかし、これで安心というわけではありません。

人の気持ちや関係性は移ろい続けるもので、今日が昨日と全く同じということはあり得ないと私は考えています。例えば、行事前の忙しいときとそうでないときでは保育者の心情は異なるでしょう。心情が異なる以上、保育者間の関係性にも変化が生まれます。つまり、同じ園組織でともに過ごす人たちそれぞれに、そのときどきで抱えている思いがあり、その思いが関係性を通じて組織のなかを川のように流れている、といえるのではないでしょうか。もしそうであるならば、一つの視点で職員のことを理解したつもり、信頼関係が完成したつもりになるのはとても危険なことだと感じます。

園組織の流れを好循環させるためには、「変わり続ける他者の姿を受け入れ、思いや関係性をわかろうとし続ける姿勢」がリーダーには求められるのだと私は考えています。園運営においては、職員との間に生まれるずれに葛藤することは少なくありません。しかし、それは一方で、保育をよりよい方向へと変えていくことができるチャンスでもあると思います。

私はまだ副園長としての経験は4年目です。今なお職員との関係性に悩みながらも、よりよい保育を目指して、試行錯誤を繰り返しています。この試行錯誤こそが園組織を好循環させる最も大切なことなのかもしれません。

（田中健介）

保育の質を高める 組織マネジメントとは

第1〜5章の章末に収載した組織マネジメントの実践事例を踏まえて、
松井剛太先生（香川大学教育学部准教授）と井上眞理子先生（洗足こども短期大学
教授）に、各章における組織マネジメントのキーワードも交えながら、
語り合っていただきました。

松井剛太 ✕ 井上眞理子
香川大学教育学部准教授 **洗足こども短期大学教授**

園の「理念」は実践で理解を深め、組織を安定させる

井上 本日はよろしくお願いいたします。保育における「組織マネジメント」をテーマとした本書では、①共通の目的、②貢献意欲、③コミュニケーションといった組織の成立条件、また人材育成やリーダーシップについて、各章に実践事例も収載して具体的にイメージできるようにしています。第1章は「共通の目的」です。理念はどの園でも掲げられますが、組織論では、理念を理解していかに共有するかが重要だとされます。園の理念は抽象的なので、理念は理念として受け止めて、実践のなかで理解を深めていく必要もあると思います。

松井 なるほど。

井上 理念はその園の方針を支えるものですから、必要に応じて、立ち返ることも大切だと考えます。一方で、定期的にアップデートする必要もあると思います。園の理念を絶対視しないで、適宜見直すことがあってもよいでしょう。

松井 園にとって理念が大事なのはわかります。ただ、どんなときに「理念」は意識化されるのでしょうか。例えば、保育がうまくいっていないときに、理念に立ち返ることで保育を再確認することがあります。平常時はあまり顔を出さず、何か問題が起きたときに顔を出して自分自

身のもつべき軸を再確認できることで、理念は浸透していくと思います。組織における理念の意義はそんなところにあるのではないでしょうか。

井上　実践のなかで、保育者同士が互いのずれを感じたとき、自分たちは何を大切にしているのかを語り合う共通言語として、「理念」が活用できると考えています。また、自園の保育を評価する際の「ものさし」として、「理念」の観点を活用し、保育の質の向上を図ることもできます。また、保護者や地域に対して実践の意味や組織の存在意義を伝える際にも「理念」を使うことができます。

　組織の実態にもよると思いますが、新しい園の立ち上げや職員が大幅に入れ替わるような組織が不安定なときには、「理念」はとても有効に機能するでしょう。例えば、多様な保育観をもった保育者が集まり、どのような保育をしていくのかを語り合ううえで、「理念」はその方針を決定づける最大の目標です。特定の人の意見に依存するよりも、その目標を達成するために必要な保育内容や環境を考えることは、組織を次第に安定化させます。

貢献している実感は役割をどう付与するか

井上　第2章の「貢献意欲」は組織の成立条件の一つですが、組織ではそれぞれの立場や役割、多様な考えも含めて相互に支え合う必要があります。また、付与される役割だけではなく、皆が暗黙的に引き受けている役割もあります。

松井　職員が自分の役割を通して「組織に貢献している」実感をもてるかでしょうか。

井上　そうですね。第2章の実践事例では、園に自分がいることで相互に認め合えたり感謝する気持ちが生まれたり、自分の特性が発揮できて保育者の手

応えにつながっています。管理職は役割を付与するときに、その職員の
よさや挑戦したいことを理解してマネジメントすることが大事だと思い
ます。

松井　与えられた役割は、評価がしやすい一方、暗黙的に付与されてい
る役割は評価が明示化しにくいと思います。その場合、職員が意欲的に
その役割を果たして手応えを感じる必要があると思いますが、役に立っ
たという手応えだけでその役割が継続できるのか気になります。自分が
組織に貢献しているという自覚は大事ですが、自分も刺激をもらえて学
びがあり、さらに貢献していこうと思える仕組みが必要ではないでしょ
うか。そう考えると、同僚性や学び合い、コミュニケーションなども重
要だと感じます。

井上　組織の方向性を明確にするために理念があり、活動を充実させて
いくために役割を分担して、コミュニケーションによって循環させてい
くということだと思います。

組織における情報共有の難しさ

井上　第3章の「コミュニケーション」では、人との関係性を大事に、
職員と一緒に園をつくるコミュニケーションの意義が、実践事例で紹介
されています。職員一人ひとりと時間をかけてコミュニケーションをと
る形だと、規模が大きくなった場合にそのやり方は難しくなります。園

長が全職員と頻繁に話をしなく
ても、園長とリーダー、リー
ダーと先生方で、情報を共有で
きる組織にしていかないといけ
ないと思います。

松井　園長が各職員と1on1で
話す機会は大事にしていたけれ
ど、園長一人では限界が生じる
ので、そうではないコミュニ
ケーションの形態を探っていっ
たということでしょうか。組織

における情報の共有・循環について、井上先生はどうお考えですか。

井上　組織における情報共有とは、全員がすべての情報を知っていることではないということです。役割なども含めて、その情報にかかわる人たちが、必要な情報にアクセスできること、そのためのシステムをもつことだと思います。いろいろな園に話をうかがうと、すべての情報が入ってくるのは安心だけれど、疲弊してしまうということも聞きます。共有する情報を取捨選択し、コントロールすることもときには大切です。

松井　風通しがよい組織といわれますが、それはどんな情報も共有できることなのか、それとも必要な情報が行きわたるという意味なのか。リーダーが風通しのよさをどうとらえるかによっても、コミュニケーションのあり方は違ってくる気がします。

井上　ともに仕事をすることで、必然的に情報が伝わり、コミュニケーションが活発になります。それを通して、職員相互の理解も深まるでしょう。若手はそこから学びを得ることもあれば、経験者が若手から気づかされ、育ち合う関係性が生まれることもあります。

松井　一方で、仲がよすぎるのも問題が生じますよね。

井上　仲がよいと同調的になってしまい、育成の仕組みが機能しない組織として硬直化するおそれがあります。職員は摩擦や葛藤がないので働きやすいと感じるかもしれませんが、それがよいチームかというとそうではないと思います。

経験を通してそれぞれの役割を理解できる

井上　第4章では「人材育成」をテーマとして、実践事例では対話の重要性にふれています。職員の成長を促す情報共有では、子どもの姿や保育者のかかわり、保育のよさを伝え合うことが大切になります。これは理念にもつながりますが、「こういうことが大事だよね」と確認する作業が学びにもなると思います。

松井　確認する作業でポイントになるのはどんなところでしょうか。「お互いのよさを伝え合いましょう」と言われても、なかなか難しいかもしれません。

井上　もちろん仕組みなども大事だと思いますが、"伝えてもよい"と思える風土がないとその仕組みは形骸化してしまうでしょう。最近では、組織を考える際のキーワードとして「心理的安全性」があります。"チーム内でポジティブに議論できて、何を言っても受け止めてもらえると感じられること"だと私はとらえていますが、こうした風土かどうかはポイントの一つだと思います。

松井　よいところ探しは、そうした雰囲気をつくるうえで一役買ってくれると思います。ただし、よいところを言い合うといっても気を遣って本音で言えないときもあると思います。第4章の実践事例は、ミドルリーダーが弱みを見せることで園内の雰囲気を変えていったエピソードです。上の人が失敗を認める、葛藤している姿を背中で見せるなども、学び合う風土をつくるうえで重要なポイントだと思います。

井上　ある意味、失敗しない姿だけを見せられると、若い先生たちは萎縮してしまうかもしれません。リーダーにも悩みがあり、失敗も不安もあると思えると、自分の悩みや困り事を言いやすくなるのではないでしょうか。職員それぞれの役割が集まって組織は動いています。それぞれ役割に違いはありますが、園長は職員が役割を全うできるよう必要な情報収集をするとよいと思います。若手の先生にとってのよい職場を考えたときには、1年目の先生に聞いてみることも必要でしょう。自らの役割を全うするために、自分だけでは解決できないことを相談し合える関係が組織なのだと思います。

松井　当事者性をもつ意味でもよいかもしれませんね。園長が理念について意見を聞いたら、聞かれた側は"自分が園長だったらどうするだろう"と考えると思います。

井上　それが職員の育成にもなるのでしょう。主任の先生が"自分が園長だったらどうするだろう"と考える。そして自分が園長になったときに、"前の園長先生はあのことで悩んでいたな"とか、経験を通して理解することにもつながります。

松井　リーダーが自分の弱みを見せる話題提供をして職員とやりとりする園内研修があってもよいですね。弱みは、意外であればあるほどよいかもしれません。職員は"管理職はこういうことで悩んでいたのか"と

親近感を感じるでしょうし、リーダーが職員からアドバイスをもらうこともできて、よい関係性が築かれると思います。

井上　ただし、それにはリーダーと職員との間に強い信頼関係があることが前提になると思います。

自己開示することの大切さ

井上　第5章の「リーダーシップ」でも信頼関係についてふれています。そう考えると、第1章から第5章まですべてがつながっているともいえます。第5章では、理念は掲げられているけれど現実は絵に描いた餅で、"これが保育の質といえるのか"というところから、理念をとらえ直して現場から保育を変えていった実践事例が掲載されています。

松井　第5章の実践事例では、これまでの園のやり方とは違う提案をする前に、副園長先生が自己開示をしたことが職員たちにとってポイントだったような気がします。

井上　確かにそうですね。そして職員たちが"変えていきたい""変えたほうがいい"と思えるように、副園長先生が地道にアプローチをされている印象を受けました。

松井　自律した組織という感じでしょうか。

井上　私が考える「自律した組織」は、それぞれの芽がすくすく育つようなイメージです。芽が伸びたいと思う環境をつくるリーダーシップが

必要だと思います。

松井　自律した組織はその管理を職員誰もができるようにすることではないでしょうか。管理職やリーダーだけでなくほかの職員も、皆で土を耕していく感覚というのでしょうか。

井上　組織の成長段階もあるかもしれませんね。第5章の園は、副園長先生がいろいろ工夫することで職員たちが変わり、今では職員からもいろいろ提案があるそうです。

松井　最近の保育業界では、リーダーシップは分散型が望ましいといわれます。リーダーが果たす役割を職員にも付与していく。リーダーが一人で抱えるのではなく、ほかの職員も経験して支える仕組みといえます。分散型は、リーダーが今までやっていた役割を別の人に担ってもらいます。リーダーの役割を果たせる人が分散して存在することで、組織として存続することができます。先ほどの「自律した組織」とも重なる話だと思います。第5章の実践事例は、副園長先生が抱え込んでいたリーダーシップをほかの職員が受け取りますが、ここでも自己開示がキーワードだと読み取れます。弱みを見せることも含めた自己開示がありリーダーシップが分散されていくことも、組織の一つのあり方だと思います。第4章の園は、新しく赴任した園長先生が、園のことも地域のこともわからないからと、先生方に任せてくれる方だったそうです。自然と役割が分散されて、分散型に近い形ができあがったのでしょうね。

井上　管理型のマネジメントから脱却し、職員全員が組織の一員として機能する意味で、分散型リーダーシップの議論には注目しています。一方で、現場のリアルを目の当たりにすると、分散型リーダーシップを機能させるには、ある程度の組織やメンバーの成熟度の高さが求められるように思います。どうすれば分散型リーダーシップが安定して機能するのか、これからも気に留めていきたいと思います。自己開示することの大切さ、保育者も管理職もお互いを認め合い、それを本音で伝え合っていくことの重要性は、共通してすべての章、実践事例に表れていると感じました。本日はどうもありがとうございました。

松井　こちらこそ、ありがとうございました。

（収録日：2023年10月28日）

編著者

井上眞理子 いのうえ・まりこ

洗足こども短期大学 科長補佐 教授 実習統括。
お茶の水女子大学大学院卒業。専門分野は、幼児教育学・保育学・成人教育学であり、現在の研究テーマは、保育者の人材育成、保育現場における組織マネジメント。著書は、『質の向上を目指す保育マネジメント──トライアル・アンド・エラーに学ぶ』（共編著、中央法規出版、2021 年）、『アクティベート保育学 12 保育・教育実習』（分担執筆、ミネルヴァ書房、2022 年）、『これからの時代の保育者養成・実習ガイド──学生・養成校・実習園がともに学ぶ』（分担執筆、中央法規出版、2020 年）、『採用と育成の好循環を生み出す園長の仕事術──子ども主体の保育を実現するリーダーシップ』（分担執筆、中央法規出版、2020 年）等。

執筆者

亀ヶ谷元譲 かめがや・もとのり

宮前幼稚園 宮前おひさまこども園 副園長
……**実践事例❶**

中西淳也 なかにし・じゅんや

星の子保育園 園長
……**実践事例❷**

曽木書代 そぎ・ひさよ

陽だまりの丘保育園 園長
……**実践事例❸**

片岡今日子 かたおか・きょうこ

香川大学教育学部附属幼稚園高松園舎 教諭
……**実践事例❹**

田中健介 たなか・けんすけ

綾南幼稚園 副園長
……**実践事例❺**

対談

松井剛太 まつい・ごうた

香川大学教育学部 准教授

保育者が育ち、園が機能する

保育の質が高まる
組織マネジメント

2024年1月10日 発行

編著	井上眞理子
発行者	荘村明彦
発行所	中央法規出版株式会社
	〒110-0016 東京都台東区台東3-29-1 中央法規ビル
	TEL 03-6387-3196
	https://www.chuohoki.co.jp/
印刷・製本	株式会社アルキャスト
デザイン	相馬敬徳（Rafters）
カバー・本文イラスト	須山奈津希

定価はカバーに表示してあります。
ISBN978-4-8058-8984-8

本書の内容に関するご質問については、下記URLから
「お問い合わせフォーム」にご入力いただきますようお願いいたします。
https://www.chuohoki.co.jp/contact/